Woguo Zhiwu Zuopin ZhiDu YanJiu

我国职务作品制度研究

曹亦果 ◎ 著

·广州·

版权所有　翻印必究

图书在版编目（CIP）数据

我国职务作品制度研究/曹亦果著.—广州：中山大学出版社，2017.10
ISBN 978-7-306-06053-2

Ⅰ.①我… Ⅱ.①曹… Ⅲ.①著作权法—研究—中国 Ⅳ.① D923.414

中国版本图书馆 CIP 数据核字（2017）第 090361 号

WO GUO ZHI WU ZUO PIN ZHI DU YAN JIU

出版人：	徐　劲
策划编辑：	陈　露
责任编辑：	赵爱平
封面设计：	楚芊沅
责任校对：	秦　夏
责任技编：	王宋平
出版发行：	中山大学出版社
电　　话：	编辑部 020-84111996，84113349，84111997，84110779
	发行部 020-84111998，84111981，84111160
地　　址：	广州市新港西路 135 号
邮　　编：	510275　传　真：020-84036565
网　　址：	http://www.zsup.com.cn　E-mail：zdcbs@mail.sysu.edu.cn
印 刷 者：	虎彩印艺股份有限公司
规　　格：	787mm×1092mm　1/16　7 印张　110 千字
版　　次：	2017 年 10 月第 1 版　2017 年 10 月第 1 次印刷
定　　价：	25.00 元

如发现本书因印装质量影响阅读，请与出版社发行部联系调换

前　言

　　世界著作权法发展史可以说是一部作者权利变更史，每个时代的变革都是围绕作者权利的变化为基础所展开。著作权法设立的初衷是鼓励作者的创造和作品的传播，以推动世界不断地进步和发展。简言之，著作权法的核心问题可以归结为三大类：什么是著作权，谁是作者以及作为著作权所有者的作者享有哪些权利。可以看出，作者以及作者的权利是著作权法的重中之重。如何保护作者的权利关乎著作权法的立法之本。

　　职务作品是文化产业发展的产物，是投资者的雄厚资本与创作者的智慧相结合的产物。《中华人民共和国著作权法》（简称为《著作权法》）第十六条是有关职务作品的法律规定，该条规定首先对职务作品的概念进行了界定：为了保证法人或相关机构的工作能够顺利实现而进行的作品创作，并且规定了在某个时间阶段内，单位享有使用的优先权。我国著作权法第十六条不仅对普通职务作品进行了明确规定，同时还针对特殊职务作品进行了对应规定。同普通职务作品对比，特殊职务作品的不同之处在于特殊职务作品的作者只享有署名权；"职务作品是指公民为保证法人或相关机构的工作能够顺利完成而进行的作品创作，不包括本条第二款规定的情形，作者是著作权的拥有者，然而法人或相关机构却能优先用于业务的处理。作品创作完成后的两年之中，作者必须取得使用单位的同意后才能准许第三方以同该企业相同的作品使用方式进行作品的使用。如果职务作品存在下述情形的，作者可进行署名，法人或相关组织享有著作权的其他权利，法人或相关机构也可对作者进行奖励：① 创作的完成有赖于法人或相关机构的物质技术条件、同时以作品工程设计图为代表的各方面责任由法人或相关机构予以承担的职务作品；② 有相关法律或条例明确指出法人或相关机构享有著作权的职务作品。"

纵观世界对职务作品著作权归属的相关规定，反映了各国不同的立法理念。目前世界上有关职务作品，通行的三种著作权归属模式分别为：著作权归属作者，著作权归属法人，以及我国一般职务作品归属作者、特殊职务作品归属法人的模式。英国法规定是从原则上将职务作品的所有权归于雇主，彰显出以英国为代表的西方先进国家更强调经济的法制观念。然而，英国法也对创作人本身的意愿进行了考量，其还是履行了合同规定的意思自由原则，准许当事人之间进行其他协议的签署。《中华人民共和国版权法》（简称为《版权法》）认为作者主体共包含两类，分别为法人及自然人。然而又强调不是每一个法人都具备《版权法》规定的作者资格，《版权法》中指出的法人作者是出品人抑或投资人，例如，其强调指出影片制作则为"制片人"。我国《版权法》之所以将法人涵盖于职务作品作者主体的行列，是因为考虑到部分作品的建设单靠一个人是很难完成的，需要多人合力同时依靠各方面资源才能得以实现，认为法人为作者拥有一定的现实基础。

与英国相同，美国的作品著作权也被叫作版权，通过《美国版权法》中针对雇佣作品的政策，我们能够了解到：首先，产生于雇佣关系下的作品。也就是说，员工在雇佣过程中于个人工作范畴内而创作的作品。其次，有着雇佣协议的作品。此类作品必须具备相关资料明确指出其同《版权法》中规定的作品范畴相符合才具备合法性，包括以下四种类型：①集体作品中的其中之一。集体作品的主体为某个团体抑或个人，是由不同的作者合力共建而成，同时以集体名义进行刊发。此类作品并不是在雇佣关系下创作的，然而组织同作者之间对作品的雇佣性质进行了约定。②以电影为代表的影像作品的构成元素，包括画面、技术及背景等。③编辑作品、辅助作品以及译文。所谓辅助作品，是指以其他作者作品的名义发表而进行的作品创造，在作品使用过程中发挥着辅助性的作用，包括判断、介绍及说明等，主要形式包括附录、图标及序等。④以教材、试题解答为代表的委托或特约作品。所谓教材是指基于系统教学需要或发表而产生的绘画和文字等形式的作品。

第一章主要针对国内职务作品著作权归属相关的现行法律进行介绍。相对于著作权指出的其他作品类型来讲，职务作品存在着本质的差异，无论是从《著作权法》的规定，还是构成要件上，都有自己的特殊性。本章首先介绍了普通意义上的作品和作者的规定，从而引申出职务作品的规定，可以清晰对比出职务作品的一些特点。本书在界定职务作品的构成时，并没有采用大多数学者采用的职务作品由三个构成要件构成的观点，而是认为职务作品有两个重要的构成要件，即创作人与用人单位存在劳动关系和创作人创作职务作品是为了完成工作任务。而且职务作品中所存在的劳动关系必须是长期的、固定的劳动关系，这同委托作品存在着显著差异。我国《著作权法》明确规定的雇佣作品形式包括法人作品、职务作品、委托作品，几种不同的作品之间既有区别也有联系。正确区分这些作品，必须从作品的构成要件着手，结合实际中的经典案例找出差异，才能更好地处理实践中的问题。

第二章从三个大的方面着手分析我国职务作品著作权归属方面存在的问题，分别是立法问题，职务作品著作权权利配置方面的问题，以及实践中存在的问题。我国有关职务作品的相关规定在立法方面存在规定模糊不清，与法人作品区分度较低，甚至一般职务作品与特殊职务作品之间的区别也很模糊的问题，这加大了处理现实问题的难度。职务作品是以雇佣关系为基础的作品类型，在创作过程中，雇主因其手中掌握的权力，而处于强势的地位。从著作权配置角度来看，国内职务作品相关规定更强调单位的优先权，雇员的利益不能够得到很好的保障的问题。由于法律规定的模糊性，和法官在处理职务作品时的惯性思维，以至于在处理实际案件的过程中，法官会经常忽视雇佣双方所签订的雇佣合同的具体内容，将职务作品雇佣关系同委托作品雇佣关系混为一谈，导致职务作品的著作权判归错误。分析我国目前职务作品著作权归属方面的问题，有助于改进我国职务作品的相关规定，更加科学合理地配置我国职务作品的著作权。

第三章是对我国职务作品著作权归属修正的有关建议。完善修改我国目前职务作品的著作权归属，首先要订立所坚持的原则，分别是保护创作人原则、利益平衡原则以及意思自治原则。要改变目前我国纷繁复杂的著作权归属的局面，本书提出的建议是合并法人作品和职务作品，并将著作权统一授予法人。为了保护创作者的利益，需强调契约的重要性，可以由行业协会牵头制定本行业有关职务作品的格式合同，明确员工应获得利益的条款，保护员工的合法权益。除此之外，需从司法和行政保护方面来协调和保护雇佣双方的利益。

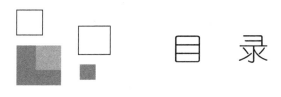

目 录

导 论 …………………………………………………… 1
 一、选题的意义 …………………………………… 1
 二、国内外研究现状评述 ………………………… 3
 三、本书的主要内容、基本思路、研究方法 …… 8
 四、本书可能的创新点 …………………………… 10

第一章 我国职务作品著作权归属概要 …………… 11
第一节 职务作品著作权归属标准分析 …………… 11
 一、对"劳动雇佣关系"的分析 ………………… 16
 二、对"法律责任"的分析 ……………………… 25
第二节 不同种类作品著作权归属比较 …………… 26
 一、法人作品与职务作品 ………………………… 26
 二、职务作品与委托作品 ………………………… 29
 三、职务作品与合作作品 ………………………… 36

第二章 我国职务作品著作权归属存在的问题 …… 40
第一节 立法存在的问题 ……………………………… 41
 一、有关的"工作任务"定义不清晰 …………… 41

二、职务作品与法人作品难以区分 …………………… 43
　　三、一般职务作品与特殊职务作品区别模糊 ………… 57
第二节　权利配置不平衡的问题 ……………………………… 59
　　一、单位所享有的优先权过大 ………………………… 59
　　二、特殊职务作品创作者合法权益无法保障 ………… 60
第三节　实践中存在的问题 …………………………………… 62
　　一、忽视雇佣双方的合同内容 ………………………… 62
　　二、混淆雇佣关系的性质 ……………………………… 68

第三章　我国职务作品著作权归属修正 …………… 73

第一节　确定著作权归属的原则 ……………………………… 73
　　一、创作人保护原则 …………………………………… 73
　　二、利益均衡原则 ……………………………………… 74
　　三、意思自治原则 ……………………………………… 76
第二节　完善职务作品著作权归属的建议 …………………… 77
　　一、我国现存法律混乱 ………………………………… 77
　　二、合并法人作品和职务作品 ………………………… 82
　　三、统一将著作权归属于法人 ………………………… 83
第三节　签订合同保护员工利益 ……………………………… 83
　　一、我国目前职务作品合同类型 ……………………… 83
　　二、引入合同约定的可行性 …………………………… 90
　　三、引入合同的方式 …………………………………… 91
第四节　多种方法并存保护雇佣双方权益 …………………… 92
　　一、加大行政保护力度 ………………………………… 93
　　二、加大司法保护力度 ………………………………… 94

参考文献 …………………………………………………………… 95

导 论

职务作品是《中华人民共和国著作权法》(简称为《著作权法》)的特色，是我国特有的作品类型。我国法律同时规定了法人作品、职务作品、委托作品，这与其他国家的立法体例都不同。我国职务作品规定混合了内地法系和英美法系相关规定，形成了自己独有的一套风格。导论将着重介绍选题意义，本书针对选题的国际研究环境进行了探索，是研究思路及创新所在。

一、选题的意义

（一）本选题所具有的现实意义

本书主要着眼解决我国目前职务作品制度法律规定混乱，司法实践中法律适用难的问题。就法律实务角度而言，有关职务作品法律适用的缺失，严重影响着国内职务作品制度的发展。

如何重塑我国的职务作品制度，符合我国目前实际发展需要，从而繁荣我国的著作权产业市场，是立法和司法实践中面临的重大问题。从立法角度来看，我国目前有关职务作品制度未形成科学有效的立法体系，在司法实践中，很多案件要么多条法规重叠，要么无法律明文规定，这是一件十分尴尬的事情。职务作品制度规定混乱的现实问题，不仅与立法制定者的认知有关，更主要的是该问题本身所具有的难度。职务作品制度规定不完善导致雇员和雇主的利益都得不到有效的保护，损害了我国创作主体的创作热情，对职务作品市场具有不良的影响。

就立法宗旨角度而言，职务作品制度法律规定中所存在的问题，对于我国《著作权法》中鼓励创作，保护作者利益的立法宗旨有所损害。我国《著作权法》的立法宗旨是保护作者的利益，促进作品的传播。然而，职务作品制度规定的不科学显然使得作品归属模糊，创作费用过高，进而严重影响其创新性发展。并且，基于推动产业发展的层面而言，当前，著作权产业已逐步发展成我国重要的经济增长点，这就为著作权制度赋予了更为显著的商业化属性。在产业化环境下，著作权客体呈现出逐步深入的消费属性，作品不仅代表着作者的劳动体现或情感的诉说，而且是获取经济收益的商品。详细来讲，作品的商品化属性通过两个方面进行集中化体现：首先，从音乐作品直至多媒体作品，著作权客体的范畴持续扩张，作品类型得到了极大的丰富；其次，由广播到互联网，不断多元化的作品传播方式，作品利用方式也呈现出多样化的发展。受客体复杂性的影响，主体也随之发生转变，新型作品创作分工更为精细。一般来讲，作品的成功创作离不开诸多创作人员的共同努力，包括电影、录音等，大都产生于多名创作人员的团结协作。完善职务作品制度，有效地保护作者的权益，更有效地促进著作权产业发展。

（二）本选题所具有的理论意义

完善职务作品著作权归属制度，是为了构建著作权主体论与权利合理配置共同组成的职务作品制度体系，对《著作权法》具有理论意义。世界著作权法发展史可以说是一部作者权利变更史，每个时代的变革都是以作者权利的变化为基础展开的。我国《著作权法》设立的初衷是鼓励作者的创造和作品的传播，以推动世界不断进步和发展。[①] 简言之，我国《著作权法》的核心

---

① 郑成思：《版权法（修订本）》，中国人民大学出版社1997年版，第290页。

问题可以归结为三大类：什么是著作权，谁是作者以及作为著作权所有者的作者享有哪些权利。可以看出，作者以及作者的权利是《著作权法》的重中之重。如何保护作者的权利关乎《著作权法》的立法之本。职务作品制度作为界定作者权利的重要制度，在世界各国的著作权法中都占有相当重要的地位。我国目前没有职务作品的概念，只是在《著作权法》第十一条、第十九条和第二十条分别针对法人作品、职务作品、特殊职务作品及委托作品进行了介绍。只要《著作权法》有所变动，学界和实务界都会就法人作品和职务作品所存在的问题进行讨论，但是讨论大多都是无疾而终。究其原因，该制度在我国设立的过程中，出于想囊括各种职务作品类型的立法目的，盲目地借鉴国外的相关法律规定，对不同法系国家的规定进行简单的杂糅，禾能结合我国目前的实际情况，也没有体现出我国《版权法》的立法精神和价值取向。

合理分配职务作品的著作权归属，对公司法而言也具有理论意义。公司法的立法宗旨是为了保证组织架构及行为的规律性发展，为组织、债权人及股东的正规权益提供更好的保障，推动社会经济的健康发展，为社会主义市场经济的前进保驾护航。职务作品制度与公司治理息息相关，例如，雇主即法人如何维护自己的利益，雇员如何保护自己的权益，如何平衡雇主和雇员的利益关系，因此，科学完善的职务作品制度有利于公司的健康发展。

职务作品制度同劳动合同法也是息息相关的。劳动合同法立法初衷体现在：推动劳动合同制度的不断健全，明确劳动主体、客体的权益，为劳动者权益提供保障，打造良好的劳动发展关系。规范雇主与雇员之间的劳动合同，对完善职务作品制度非常关键。

二、国内外研究现状评述

（一）我国有关职务作品制度著作权归属的研究尚未深入

就我国现有理论研究而言，多从法人作品、职务作品、委托作品等单一的作品类型研究，作品研究的力度及深度还远远不足，无法妥善处理司法实践过程中"有的案件无法可依，有的案件无所适从"的问题。

1. 我国职务作品制度立法规定尚未完善。我国《著作权法》的相关规定明确指出，作者享有作品的著作权，特殊规定除外，作者是作品创作的自然人。法人或相关机构予以扶持或主导，依据法人或相关组织的意志进行建设，以法人、相关机构或法定发表人的名义发表，同时作品的法律责任主体也为法人或相关机构，法人或相关机构为作品作者。假如没有对立证据，所有享有作品署名权的法人、相关机构或自然人均被认为是作者。这是我国有关法人作品和职务作品的原则性规定，只有在法人主持或者投资，并承担风险的情况下，法人才能享有雇员作品的著作权，这是对两大法系的折中借鉴。但是法人或相关机构的意志是什么？什么样的作品才是基于法人或相关机构的意志来创作的？在作者完成的作品中，作者自己的意志和法人的意志怎么来界定，怎样来区分？这些问题都没有明文的规定给予解答。

我国《著作权法》第二十条明确指出，员工在雇佣关系存续期间基于工作需要而进行的作品创作就是职务作品，著作权主体的确定可由当事人协商确定。假如当事人未进行约定抑或约定模糊时，著作权归职工所有，然而工程设计图、计算机程序、地图和产品设计图，报纸及各类多媒体员工为报道任务的完成而建设起的作品著作权均应归单位所有，作者可就作品进行署名。本条第二款规定明确指出，职工享有职务作品的著作权，允许单位在业务范畴内对职务作品的免费使用，同时在作品完成后的两年时间内享有专用权。本条第二款规定明确指出，单位享有所有权的职务作品，组织应以创造作品的品质及规模为基础对职工进行奖励，职工可以汇编形式进行作品的发表。这一规定彰显出国内同职务作品相关的规定存在严重的冲突。首先，既然《著作权法》第十五条已明确指出著作权由自然人享有，并且也明确了著作权归法人所有。然而这一条例中，职务作品著作权又需要通过当事人的约定来予以确定。在同一部法律中，两条规定自相矛盾。其次，法人作品及职务作品应如何区分？法人作品同职务作品存在着截然不同的著作权归属。法人作品的著作权归法人所有，而职务作品的著作权则首先要双方约定，在双方没有约定的情况下，职工可以享有著作权。①但是法人作品和职务作品的区别在哪里，法律并未给出明确的解答。最后，在职务作品的普遍性规定之外又规定了几种特殊职务作品，工程设计图、计算机程序、地图和产品设计图，报纸及各类多媒体员工为报道任务的完成而建设起的作品，法人享有上述几类职务作品的著作权，作者可进行署名，那么相对第十五条规定提出的法人作品来讲，上述特殊职务作品形式又存在哪些特殊性，如何界定一件作品是特殊职务作品还是法人作品，这都是我国目前的法律规定所存在的问题。就国际比较而言，美国、英国、日本等国家的规定都比较体系化。美国对"职务作品"的规定为①雇员在职务范围内创作的作品；②为特定目的而订购或委托创作的作品，包括集合作品的构成部分、以电影为代表的影音作品的构成因素、译文、说明书、试卷、答案及地图集，但必须是所有参与主体共同进行相关书面资料的签署，就作品的委托性质进行约定。前文规定的增补本作品，是指为了对其他作品进行介绍、总结、注释、解释、修订或帮助其使用而在其他作品之后附属出版的作品，比如序言、后记、图解、地图、图表、目录、编者按语、音乐编排、试卷的答案、参考书目、附录、索引等辅助其他作品使用的作品。说明书，是指为了有序地指导使用行为而创作出版的文字、绘画或图解作品。日本著作权法明确指出，遵照法人及相关主体的建议，从事以法人为代表的业务主体在职责履行过程中创作的作品，在创作主体以个人名义进行作品发表过程中，只要在合同或政策中没有进行特殊规定，著作人则为作品创作主体。

　　英国，这一英美法系的国家在进行职务作品作者的界定时并不是机械性地认定雇主为职务作品的作者，而是进行了几种特殊产品形式及相邻客

---

① 张平：《知识产权法详论》，北京大学出版社1994年版，第330页。

体的介绍,并指出出品人及投资人为此类作品的作者。其中最具代表性的当属影片作者的定义:在影响制作过程中有必要意义的个体就是制片人。一般情况下,电影公司为影片的制片人,那么从本质上讲,影片就是法人作品。但针对职务作品,英国《版权法》则指出,职员雇佣关系存续期间创作的以文字为代表的作品形式,如无特殊规定,其原始版权人均为雇主。相比之下,国外的立法规定比我国的立法规定更成熟也更科学。

2. 我国职务作品制度理论研究之不足。首先我国理论界对法人作品,职务作品和委托作品的研究可谓是硕果累累,但是对职务作品体系化的研究却比较少见。通过CNKI检索得出我国目前尚没有关于职务作品的博士论文及专门的著作,也没有法人作品、职务作品或委托作品相关的博士论文,大多是关于法人作品或职务作品的单一的论文发表在期刊杂志上。早期的如刘春田1990年发表在《中国人民大学学报》上的《论职务作品的界定及权利归属》,该文主要阐述了如何界定职务作品以及职务作品法律地位的特殊性,职务作品著作权归属可以有不同的解决方案。杨述兴2005年发表在《电子知识产权》的《法人作品与职务作品》,文章对法人作品与职务作品的不同概念和特征做了简要的介绍和比较。王迁2007年在《法学论坛》上发表的《论"法人作品"规定的重构》,文章针对《著作权法》进行了法人作品、特殊职务作品以及两者著作权归属的区别进行了明确规定,导致在实践中难以区分的情况进行了论述,对我国如何重构"法人作品",对其原则适用"委托作品"和"特殊职务作品"的著作权归属规则。熊琦2010年发表在《法学》上的《著作权法中投资者视为作者的制度安排》,是国内少有的从经济学角度论述著作权产业投资者为作者有利于提高信息利用效率的立法原则。曹新明2011年发表在《法学》上的《我国著作权归属模式的立法完善》,该文章对目前国际上普遍存在的著作权归属模式做了素描,分析出我国的著作权模式类型,并指出我国目前著作权归属模式存在的问题。蒋舸于2014年在《法律科学》发表的《雇佣关系与法人作品构成要件》该文章详细阐述了法人作品必须以雇佣关系为要件,非基于雇佣关系产生的非个人作品是委托作品的观点。从目前我国的有关职务作品的研究成果中可以看出，我国目前缺乏以职务作品为题，运用多种研究方法的博士论文。

（二）职务作品著作权归属国际研究现状

以美国、英国为代表的各个国家积极开展了相关研究并取得了阶段性的胜利。有关阐述作者和作者权利的著作有 Mark Rose 的 *Authors and Owners*，该书详细阐述了作者和所有者的历史沿革；David Saunders 的 *Authorship and Copyright*，该书介绍了欧美不同国家有关的作者制度的历史变迁，以及目前立法存在的问题。有关著作权出版历史梳理的著作有 John Feather 的 *A history of British Publishing*，分四章梳理了从 1476 年到 20 世纪的英国出版史；James J.Barnes 的 *Authors，Publishers and Politicians*，该书对 1815—1854 年的美国版权协议的历史做了介绍。同职务作品制度发展史相关的文章包括 Catherine L.Fisk 创作的 *Authors at Work：The Origins of the Work-for-Hire Doctrine*，该文章分三个部分来梳理美国的职务作品历史，从 1860 年以前到 1909 年法案的最终成型；John Clark 的 *Copyright Law and Work for Hire* 是以案例的形式来梳理美国的职务作品历史。I.T.Hardy 的 *An Economic Understanding of Copyright Law's Work-Made-for-Hire Doctrine* 是从经济的角度来分析职务作品学说成立的基础；从经济史角度分析著作权的作者要数 B.Zorina Khan 了，他从一个全新角度即经济发展史的角度来分析著作权权利归属问题，而不是传统的从文字历史改革或者立法史来梳理，他的主要著作有 *"The Fuel of Interest"：Patents and Copyright in American Economic Development*，*Do Property Right Matter？International Copyrights and the Development of the American Economy，1790-1910*。有关共同作者的文章有 Rochelle Cooper Dreyfuss 的 *Collaborative Research：Conflicts on Authorship，Ownership，and Accountability*，Mary LaFrance *Authorship，Dominance，and the Captive*

Collaborator: Preserving and Rights Joint Authors。国外学者从各个方面对职务作品制度进行了更为细致的探索，包含从文字历史、立法历史、经济发展史及案例形式等各个角度出发进行的研究，也有从共同作者和独立合同承担者方面进行研究的。总之，研究层面多样，研究角度较为新颖，对我国有比较重要的借鉴意义。

三、本书的主要内容、基本思路、研究方法

（一）基本思路

本书通过运用法学、经济学、劳动关系理论、政策学等多种方法对职务作品著作权归属加以研究。详细来讲：

1. 从民法理论入手进行著作权主体相关理论的研究。从民法的民事主体理论来研究著作权的作者范畴。民法上的民事主体发展历程，是由以自然人为中心的一元论逐步转变为法人／自然人的二元论，自全球首个完善的法人制度——《德国民法典》于1896年正式出台后，该二元主体结构就持续发展到今天，民法就是以二元主体为中心进行的权利分配。著作权同民法一样，也经历了由一元向二元的转变。以民法中民事中心论为切入点，探讨著作权主体理论的演变。

2. 对比分析，进行发展历史的探讨，一方面，从政策角度入手，对以美国为代表的西方先进国家制度设计及法律适用进行对比；另一方面，以案例的形式梳理美国职务作品制度立法史，总结美国职务作品制度每个时代发展的不同特点，剖析每次变革的诱因，吸取经验教训，结合我国国情，探索符合我国国情的职务作品制度。

3. 立足法学分析，兼顾经济学分析。从新制度经济学的角度来分析何种著作权权利配置模式更能提高资源利用率。以节省交易成本为目的，研究职务作品权利归属如何分配才能实现作品效益的最大化。

4. 在实体法研究的基础上，辅以程序法发展。从职务作品制度设计及法律适用的角度来讲，其一，从《著作权法》《公司法》《劳动合同法》等实体法探究如何建立职务作品制度体系，如何确定职务作品的立法要件，不同部门法相互协作以完善职务作品制度。其二，从权利救济角度完善我国的程序法，研究当雇员权利受到损害时如何保护自己的合法权益，如何扩展权利救济的渠道。

（二）主要内容

本书运用多种研究方法对职务作品制度进行多维度研究，旨在完善职务作品制度体系。首先，运用历史分析方法，分析职务作品制度的历史进程；其次，立足知识产权法学基础和民法学理论基础，从民事主体角度进行分析，探讨著作权主体范畴扩张的可能性；再次，用经济分析方法分析如何对职务作品制度进行合理的权力配置；最后，以法律适用为切入点进行权利救济的研究，著作权归雇主所有后，如何保护雇员的合法权益。

（三）研究方法

本书拟采用以下研究方法：

1. 历史分析法与比较分析法。美国是世界上最早规定职务作品制度的国家，早在1909年，就已经有法律明文规定，雇主可以成为作者。我国正走在经济发展转型的道路上，这就决定着应对西方先进国家经济发展过程中相关制度的发展史进行研究，对职务作品制度设计及运行情况予以探索。

2. 经济分析法同实证分析法相结合。所谓法经济学，是指以经济学理论为依托进行法律的结构、程度、检验及法律制度的形成。制度经济学一经出现，便在法学范围内引起了较大反响。特别是，科斯关于社会成本的观点。知识产权法，是以法经济学的价值理念为支撑，在法经济学的自然研究范畴之中，再加上法经济学强大的逻辑分析能力，已逐步成长为知识产权法的主要论证方式。本书拟从产权理论、契约理论和企业理论三个方面对职务作品制度进行分析。对中外有关职务作品的著名案例进行分析,实证分析国内外有关职务作品制度的特点。

3. 逻辑分析方法与规范分析方法。立足民法基本原理,探讨民事主体问题,分析著作权主体及权利配置。结合欧美传统民事主体理论,探讨职务作品制度的特点。就规范分析方法方面,分析我国《著作权法》有关法人作品和职务作品的相关规定,探索如何体系化/科学化我国职务作品制度。

四、本书可能的创新点

研究观点方面,针对我国职务作品制度的现状,从实体法和程序法两个方面加以研究,提出相关制度完善建议和法律适用建议。针对职务作品制度设计与法律适用,开展职务作品制度的实体法研究。从确定原则性规定到明确各个类型的职务作品的成立要件,探索如何完善职务作品的相关合同,规范雇主的行为,保护雇员的合法权益。从程序法的角度来讲,完善相关权利救济机制,扩宽相应的权利救济渠道。

从研究方法角度来讲,通过对比分析法、历史分析法、经济分析法及实证分析法,以法学、经济学和劳动关系学理论为切入点对职务作品制度进行探讨。通过对比分析法、历史分析法、经济分析法及实证分析法对美国职务作品制度进行历史梳理。介绍美国职务作品历史上的著名案例,总结出美国职务作品制度历史变革的特点,分析美国职务作品制度的历史经验。运用新制度经济学的相关理论分析职务作品制度中权利配置的方式。

就研究材料而言,对西方发达国家职务作品制度的制度设计与法律适用进行研究,包括法律规定和实务效果。收集目前世界上比较前沿的有关职务作品制度的资讯,总结出分析我国可以借鉴的相关内容。

第一章 我国职务作品著作权归属概要

第一节 职务作品著作权归属标准分析

随着人类文明的不断发展,著作权主体也在不断地发生变化。纵观著作权法发展的历史进程,在早期浪漫主义作者观的影响下,著作权主体的确立反映了个人主义的精神价值,并建立在私人财产的基础之上。因此,自然人是著作权的唯一主体。但是随着社会经济结构的变化,大型的公司法人等不同种类的社会团体开始出现,作品的创作必须借助于法人的投资,创作过程必须靠多人的力量才能完成,而作品创作完成后的风险也由法人承担。在这种情况下,著作权主体由实际创作的个人逐渐发展为法人组织。网络时代的到来使得作品的种类层出不穷,著作权主体也产生了多样化的趋势,国家、个人和法人都有可能成为著作权的主体。如何确立不同类型作品的著作权归属,并对主体的权利归属进行有效的制度安排,成为著作权主体的核心问题。

印刷机的发明和使用,使得书籍得以大量的复制和传播,随之而来的是早期著作权制度的建立。政府为了保护书商的利益,激励他们加大对图书行业的投资,在图书贸易中设立了一项特许专利制度,使书商获得了可以复制一些文学作品的权利,所以早期著作权更多地体现为封建制度下的印刷特权。合法的复制权属于那些可以拿到许可证的印刷商和书商,这导致了作者在出版自己的作品时,在与书商的博弈中处于劣势。这一特权制度不但损害了图书市场的健康发展,也损害了作者的利益。随着封建王权的不断衰落,作者和出版者之间关于出版自由问题争论不断。终于,英国议会于1710年通过的《安妮女王法令》是世界上第一部版权法,著作权所保护的对象也发生了变化,由保护书商的利益转变为保护作者的权利。与此同时,自由主义哲学思想兴起,著作权制度也受到了该思潮的影响,形成了浪漫主义的作者观。该观点认为作品是作者的劳动成果,只有创作者本人才是著作权的唯一主体。

随着经济的不断发展,个人创作作品的方式已经被集体创作方式所取代。法人公司等经济组织形式的出现,改变了作品的创作方式,也改变了著作权主体制度。电影、电视和音乐作品已经无法由个人的力量完成创作,需要借助法人的投资,多人的参与才能完成创作。在这种情况下,法人等社会组织被视为作品的最初权利人,享有作者的权利。《著作权法》主体由自然人开始向法人转变。

随着网络时代的到来,涌现出许多新的作品类型,也带来了很多问题。如孤儿作品的著作权问题和民间文学艺术作品作者身份认证等。在民间文学艺术作品创作过程中,个人、集体及国家所承担的角色是完全不同的,并承担了不同的责任。主体的复杂性,使如何保证著作权归属的合理性成为一个核心问题。民间文学艺术作品著作权归属,导致了著作权主体呈现出多元化的特点,个人、集体和国家都可以成为民间文学艺术作品的主体。新技术时代,作品的数字化使孤儿作品的问题变得突出。20世纪末,一些图书馆、资料馆希望对一些罕见的作品进行数字化梳理,以便在网络上供大众欣赏和阅读,但是因为找不到原始版权人而无法获得许可。很多文学作品和文艺作品,都是随着时间的推移,才逐渐获得经济价值的,在作品

第一章 我国职务作品著作权归属概要

被使用时难以找到权利人,如何从作品利用的角度寻找权利人,又为《著作权法》带来了一个新的难题。

分析著作权主体历史演变趋势,不难发现,著作权主体从自然人发展到法人,到如今的著作权主体多元化,著作权主体的确认和权利归属,成为《著作权法》的两个重要问题。著作权主体制度是以"作者"为核心而建立的制度体系,著作权主体身份的确认实际上就是"作者"身份的确认。[①] 我国《著作权法》第十一条规定了创作作品的公民是作者。[②] 但是,对于作者身份的构成要件以及决定性条件,在现行法律法规中都没有明确的规定。如何理解作者的深刻内涵,以及确认满足作者身份的构成要件,是值得深入探讨的问题。职务作品是《著作权法》提出的特殊作品类型,同时职务作品著作权的归属也是著作权法的研究重心。

我国《著作权法》在制定之初,因遵循内地法系的立法传统,不可避免地引入了内地法系国家相关作品类型的规定,建立了我国特有的一般职务作品制度。同时,为了顺应国际立法趋势,更是处于保护投资者利益的要求,我国《著作权法》在职务作品制度建设过程中还借鉴了特殊职务作品制度。《著作权法》第十六条规定明确指出:公民为保证法人及相关机构部署的工作能够顺利完成而进行的作品创建,即职务作品。职务作品必须满足两个条件:第一,作品创作主体为自然人,且同以法人为代表的机构存在实质意义上的雇佣关系,工作人员的种类包括在企事业单位、机关团体内就职的人员,兼职或临时招聘人员也包含其中。只要是与单位存在实质雇佣关系,不管雇佣关系的时间长短,都属于该单位的工作人员。第二,作品创建的目的是保证工作任务的有效完成。《中华人民共和国著作权法实施条例》相关规定就工作任务进行了详细的规定:中华人民共和国著作权法第十六条第一款在职务作品的相关规定中提到的工作任务是指公民在

[①] 陈明涛:《著作权主体身份确认与权利归属研究》,北京交通大学出版社2015年版,6月第1版,第5页。

[②] 《中华人民共和国著作权法》第十一条。

雇佣机构中应该履行的义务及责任。

当前我国学者对于什么是职务作品有着不同的见解，本书将主要的意见总结为以下四种观点：①职务作品创作的目的在于保证合法劳动义务的具体执行抑或在劳动合同的约束下而进行的作品创作。这一观点涉及了劳动合同的定义，是职务作品认定中的有益尝试。[①]②职务作品是指机关团体及企事业单位工作者为保证组织派遣的临时工作能够保质、保量的完成或者为了完成自己的本职工作，在工作时间内或者加班时间内创造的作品。[②]该定义着重强调了作品完成的时间必须是在工作时间内，但是工作时间如何确定？加班时间如何确定？均无法做出满意的解答。③职务作品，又被称为雇佣作品，一般是指职工在雇佣关系存续期间在个人工作范畴内创作的作品。[③]这是引入了美国雇佣作品的定义，但是我国的情况与美国不同，我国《著作权法》中涉及的特殊作品类型相对众多，包括法人作品、职务作品、委托作品及特殊职务作品，多种特殊种类作品并存的局面，仅仅简单地引用美国雇佣作品，就会导致多种种类作品混乱的问题发生。笔者建议：在进行职务作品概念界定过程中应适当进行职务作品特殊属性的展现，雇佣关系和工作任务这些职务作品的重要组成部分都要有所体现。

世界上大多数国家并没有"职务作品"的概念。英美法系的国家，最初将"职务作品"称为"work for salary"，这个定义强调了职务作品是以取得报酬为目的的，但是却忽略了雇佣关系的性质，容易将职务作品和法人作品与委托作品相混淆，所以后来逐渐演变为"work for hire"。美国1976年《版权法》第一百零一条针对雇佣作品的概念进行了明确界定：①职工在个人工作范畴内建设起的作品；②为特定目的而订购或委托创作的作品，包括集合作品组成部分、电影或其他视听作品的一部分、翻译作品、增补本作品、汇编作品、说明书、试卷或试卷的答案、地图集，但必须是

---

① 李永明：《知识产权法学》，杭州大学出版社1996年版，第125–127页。
② 刘春田、刘波林：《论职务作品的界定及其权利归属》，《中国人民大学学报》1990年第6期。
③ 刘春田：《知识产权法（第三版）》，高等教育出版社2007年版，第90页。

第一章 我国职务作品著作权归属概要

当事人共同签署书面文件,明确约定该作品是委托作品。前文规定的增补本作品,是指为了对其他作品进行介绍、总结、注释、解释、修订,或帮助其使用而在其他作品之后附属出版的作品,比如序言、后记、图解、地图、图表、目录、编者按语、音乐编排、试卷的答案、参考书目、附录、索引等辅助其他作品使用的作品。说明书,是指为了有序指导使用行为而创作出版的文字、绘画或图解作品。相对其他国家来讲,美国针对雇佣作品概念的界定是十分细致的。内地法系国家,由于推崇"创作者为作者"的原则,很多国家连有关"雇佣作品"的概念都没有,例如最典型的德国,即使是作者按照服务合同、委托合同、承揽合同或者其他方式进行了作品创作,作品著作权依然归雇员或雇主所有。①

我国《著作权法》第十六条明确指出:职务作品共有两种类型,其一为普通职务作品;其二是特殊职务作品。

所谓普通职务作品,是指公民为保证法人或相关机构的工作任务顺利完成而进行的产品创作。②单位只获得了业务范围内的优先使用权,而作者几乎可以保留所有的著作权。所谓优先使用权,是指作品完成之后的两年内,如果单位在其业务范围内使用该作品,则该作品是排他性的。但是对于作者能否以相同方式使用该作品,目前没有法律做出解答。两年期满后,作者应该可以自行许可第三人以相同的方式使用该作品。《中华人民共和国著作权法实施条例》第十二条第一款指出:"职务作品完成后的两年时间里,作者在取得单位的认可后方可将产品准予第三方以同单位相同的作品使用方式进行作品使用,进而取得经济收益,作者及单位依照约定进行利润分配。"

而特殊职务作品同我国《著作权法》的第十六条第二款规定的特定种类作品是统一的,其是指作品的完成有赖于法人或相关机构的物质技术条件、同时以作品工程设计图为代表的各方面责任由法人或相关机构予以承

---

① 杜颖、张启晨:《美国著作权法》,知识产权出版社2013年版,第8-9页。
② 龙斯荣:《知识产权法论》,吉林大学出版社1992年版,第77页。

担的职务作品。第十一条第二款针对"物质技术条件"的定义也做出了解释，其是指法人或相关机构为公民创作的物质及技术需求提供保障。特殊职务作品除了署名权之外的其他权利均由单位所有，单位同个人还可以合同的形式约定职务作品性质由普通向特殊的转变。计算机软件这类特殊作品是需要利用雇主提供大量的物质技术条件才能完成的作品，程序员需要使用单位提供的高性能的计算机，需要用单位提供的资金购买相关的资料，有时候还需要使用单位才可以获得的技术秘密和专有技术。[①]例如，许多软件公司虽然雇佣程序员编写网络游戏软件，但是大多数网络游戏软件的核心部分往往是进口的，需要软件公司花费巨资从国外买进版权，并聘请外国专家进行技术指导。为了保护雇主的利益，各国的著作权法都对雇主给予了更多的保护。比如，欧共体《计算机程序保护指令》第二条第三款规定：如计算机软件是由雇员为履行其职责或遵循雇主指令而创作的，除非合同有相反规定，雇主有权排他性地行使软件中所有财产性的权利。欧共体各国都以该指令为基础修改了著作权立法。欧共体成员国大多是实行"创作者为作者"原则的内地法系国家，而计算机软件作为例外，至少可以根据法律规定由雇主继受取得或排他性地行使权利。《法国知识产权法典》规定：除非法律另有相反规定，对于由雇员指示或在履行职责的过程中创作的计算机软件及其文件，其著作财产权归属于雇主，雇主可以单独行使其著作财产权。

一、对"劳动雇佣关系"的分析

普遍来讲，劳动法律关系是否存在的重点就在于著作者同企业之间是否进行了劳动协议的签署。[②]现代社会环境下，雇佣关系是多样化的存在，在某一时间阶段内，同一著作者可能存在多个工作机构，可能是组织的正

---

① 张平：《知识产权法详论》，北京大学出版社1994年版，第348页。
② 崔国斌：《著作权法原理与案例》，北京大学出版社2014年版，第20页。

第一章 我国职务作品著作权归属概要

式人员、兼职人员,也可能是合同制员工。所以,创作职务作品的创作人员与单位之间存在的这种法律关系不仅包括稳定的、长久的劳动关系,临时性的非固定劳动关系也在其范畴之内。① 但是,大多数情况下也会存在著作者同机构之间并未进行劳动协议的签署,此种情况对劳动关系是否存在的判断造成了极大的阻碍,遇到这种情况,应该从实际情况加以分析,如果组织会对著作者进行工作任务部署,按时为著作者发工资,著作者也享受单位的所有待遇,那么即使他未与单位签订劳务合同,也视为与单位之间存在劳动关系。例如,在"胡进庆、吴云初诉上海美术电影制片厂"一案中②,因年代久远的原因原告与被告之间就未签订劳动合同,但是法院最后还是认定原告与被告之间存在事实的劳动关系。判断劳动关系时,需要注意一些特殊的情况,第一种情况是当创作者与多个单位分别存在不同的劳动关系时,这个时候要判断职务作品,就要针对"作品创作目的是为了保证哪一个单位的工作顺利完成"的问题进行明确;第二种情况是劳务派遣的情况,劳务派遣人员虽然未与用工单位签订了劳动合同,但是却是在用工单位从事具体工作,从表面上来讲,劳动法律关系的复杂性导致职务作品认定充满困难,然而因派遣者同组织间具有了事实劳动关系,所以派遣人员也可以成为职务作品的主体。③ 第三种情况是,国家公务人员为完成工作任务而写出的作品。比如,法官审理案件的判决书,秘书为领导准备的演讲稿,这种类型的作品国家公务人员是不能以职务作品为由享有著作权的。体现这种特殊情况的一个典型案例就是美国最高法院的第一个有关雇佣作品的案例——Wheaton v. Peters 案④,这是美国最高法院的第一个有关知识产权案件的判决,也是美国早期的著作权经典案例。这个案例涉及社会关系众多,案情也较为复杂。原告 Wheaton 在 1816—1827 年之

---

① 郑成思:《知识产权论(第 2 版)》,法律出版社 2001 年版,第 222 页。
② 上海市第二中级人民法院:(2011)沪二中民五(知)终字第 62 号民事判决书。
③ 郭庆存编著:《知识产权法》,上海人民出版社 2002 年版,第 65 页。
④ Wheaton v. Peters, 33 U.S.591(1834)。

间担任美国最高法院的判决报告员,他是美国最高法院历史上第三任报告员。1827年以后,接任他的第四任报告员Richard Peters出版了一套有关美国高院的案例选集,该案例集包含美国最高法院自成立之日起至1827年期间的所有案例,其中当然也包括Wheaton工作期间的案例报告。于是,Wheaton将Peters告上法庭,称其侵犯了他的著作权。而Peters辩称,Wheaton并未通过法定程序注册著作权,所以并不对该作品享有著作权。在本案中,法院并未对Wheaton的雇员身份过多关注,法院认为Wheaton的身份与他是否能够获得著作权无关,Wheaton获得著作权的前提是他在完成这些案例报告时是否付出了足够的努力。最后法院认为Wheaton可以对在他工作期间内他所做出的案例报告获得著作权,当然他也仅能对自己工作的部分获得著作权,即他自己所做的脚注,还有判决的总结,和他自己的意见。

此案的判决结果在当时的美国引起了很大的争论,争论的焦点主要涉及Wheaton的身份问题。Wheaton作为美国最高法院的雇员,是否有权对自己雇佣期间的工作内容享有著作权,受雇于政府机关这一特殊雇主的雇员们,是否有权将自己的工作内容集结成册出版。关于本案的讨论有两种观点,一种认为Wheaton是法院的工作人员,因其特殊的身份,他不能对自己的工作内容享有著作权;另一种认为Wheaton为自己的工作付出了努力,他有权出版自己工作内容的文集并享有著作权,但是也仅限于他自己的工作内容,不能涉及其他工作人员。政府雇员即公务员,是雇佣关系中比较特殊的一类,与普通的雇主和雇员的关系不同,政府雇员的工作内容往往涉及政府机密,所以在各国的著作权法中,公务员是无权对自己的工作内容享有著作权的。虽然法官最后认为Wheaton对他的作品享有著作权,但是Wheaton享有著作权的部分仅仅是自己做的注解部分,不包括法官的判决书部分。

二、对"工作任务"的分析

《中华人民共和国著作权法实施条例》相关规定就工作任务进行了详细的规定:中华人民共和国著作权法第十六条第一款在职务作品的相关规

第一章 我国职务作品著作权归属概要

定中提到的工作任务是指公民在雇佣机构中应该履行的义务及责任。"应当履行的义务及责任"的概念相对抽象,目前我国的法律还未做出一个比较详细的解释。因为该规定的模糊,还引发了中国首例教案纠纷——高丽娅诉重庆市南岸区四公里小学校著作权纠纷案。①

重庆市南岸区四公里小学有一位名叫高丽娅的语文老师。该校管理条例指出,该校所有有教学任务的老师必须完成课前备案及教案的编写任务,同时于学期末将教案本上交学校,校方会对教师上交的教案本情况予以记录。自 1990 年高丽娅入校以来直至 2002 年 12 月期间,高丽娅上交学校的教案本高达 48 本,然而校方例行检查后教案本却并未归还到教师手中。2002 年上学年,高丽娅因教学经验论文编著的需要,向学校提出申请,希望校方能够将其上交的教案本全部归还,但最终获得的答案是,上交的教案本中大部分已经被当作废品销售抑或销毁了,只剩余 4 本。高丽娅认为学校不珍惜老师的劳动成果,肆意践踏,对自己编著教案的知识产权以及写满教学内容的教案本所有权造成了侵犯。然而校方却认为,高丽娅是依靠校方的资料完成的教案编写,是在某一时期内依照规定内容进行的编著,应属于职务行为,高丽娅为了满足工作需要而进行的教案本建设,因此学校才是所有权者。双方最终未达成一致,随即高丽娅将学校告上法庭,要求重庆市南岸区四公里小学立即返还剩余的 44 本教案,并对自己造成的 8800 元经济损失予以赔偿。当重庆市南岸区人民法院接触此案后,表示原告同被告并不属于平等的民事责任人,不在法院职权范畴内,因此决定不予受理。高丽娅难以接受这一裁决,向重庆市第一中级人民法院提出上诉,该法院主张原告同被告是平等的民事责任人,在人民法院的职权范围内,于是将此案发回原法院进行再审。南岸区人民法院予以受理并庭审之后,2003 年 10 月南岸区人民法院做出裁决 [(2003)南民初字第 903 号民事判决)],主张该案的关键在于 44 本教案是否应属于原告所有,这是判断被

---

① 重庆市第一中级人民法院(2005)渝一中民初字第 603 号民事判决书。

我国职务作品制度研究

告教案退还与否的关键。第一，不能将教案同教案本的概念混为一谈。所谓教案是指教学法案，而教案本是指教案存在的载体。本案中涉及的教案本在未投入使用时，是被告出资购买，为保证教学任务的顺利推进而以办公用品的名义发放到各位教师手中的，之所以发放是为了保证教师能够有可用载体进行教案的再现，而并非进行教案本所有权的转移。但并非所有权的所有权能均集中在所有权人身上的。因此，原告最初接到被告发放的教案本是空白的，只是实现了空白教案本所有权的转变。不管空白教案本的所有人是谁，从性质上讲其均属于学校财务，均由校方所有。第二，以我国《著作权法》的相关条例为依据，因教案同作品的标准不匹配，所以不在《著作权法》的庇护范围内。原告在被告下发的空白教案本上进行教案的编写，是为保证被告安排的工作能够顺利完成，是出于工作的需要，教案质量影响下的教学效果责任应由被告，也就是校方予以承担。教案编写应界定为工作行为，所呈现的教案应属于工作成果，处分权、使用权及占有权均应归被告所有。第三，国内法律在有教案内容记载的教案本所有权归属方面的规定还是一个空白，教育行政主管单位同样也没有相对应的举措。在现实生活中，学校之所以进行教案本的回收，是处于监督检查的目的，来保障教学管理工作的顺利执行，并且学校同教师之间对于上交的教案本是否归还的问题并不存在对应的约定。因此，法院认定高丽娅要求校方归还教案本是没有任何法律依据的，不予支持。因此，法院做出了驳回诉讼的裁决。

对于这一裁决高丽娅难以接受，遂向中级人民法院提出上诉。2004年3月29日，该院通过审理做出民事裁决：学校之所以进行教师的聘请是为了保证教育主管机构指定的教学内容能够得以顺利完成，学校基于教育工作的特性要求老师必须于课前准备好相关的教案及课程。尽管教案的编写离不开教师的辛勤及智慧，然而更是教师为了保证学校所安排的工作任务能够顺利实现而创作的职务作品，是教师应尽的职责，应界定为工作行为。但教案本是教案存在的载体。校方之所以进行空白教案本的购买是为了保

第一章 我国职务作品著作权归属概要

证教师的教学工作能够顺利开展而以办公用品的名义下发给原告，其也是为了保证原告能够在空白教案本上进行课程教案的记录，原告仅享有空白教案本的使用资格，被告也不存在教案本所有权转移的意思。现在原告也没法提供教案本所有权转移的相关证据，那么原告表述的教案本所有人变更的理由不成立，法院不应支持。一审法院在进行高丽娅诉讼案的处理上是完全依照《中华人民共和国民法通则》予以审理及适用，并无任何不妥。因此做出"驳回上诉，维持原判"的裁决。

对于二审给出的最终裁决，高丽娅依然难以接受，于是2004年5月申请检察机关进行仲裁。在经过重庆市南岸区人民检察院、重庆市人民检察院第一分院以及重庆市人民检察院的依次审查后，2001年11月，重庆市人民检察院向高级人民法院提出民事抗诉书（渝检民抗（2004）71号），理由体现在以下几个方面：第一，一审判决在教案著作权认定问题上相对模糊，导致高丽娅通过教案著作权归属进行法律申诉的途径被切断。该案一审判决明确指出不能将教案界定为"作品"，因此不在著作权庇佑的范围之内，进而主张教案应界定为工作成果，其使用权、占有权及处分权均应归校方所有；尽管二审判决明确了"教案的编写融合了教师的辛勤及智慧""教师为保证学校所安排的工作能够顺利完成而创作的职务作品"，然而，对于教案的职务作品类型以及是否在著作权保护范畴内却并未进行说明，教案本对于教师是不是符合著作权的法定权益，从根本上来讲，二审的裁决同一审是一致的。由于生效判决的既判性，原审判决强调不能将教案界定为"作品"，抑或教案的著作权主体并不是教师，其会被固定，这就导致高丽娅以著作权归属为切入点进行司法求助的道路被切断。第二，对于有教案内容记录的教案本的所有人认定，原审判决有所偏差，导致高丽娅的作品载体所有权受到了侵害。由教案内容记载的教案本的所有权问题同物的所有权转移与否存在着极大的差异，其是原物的价值被新生物替代进行有新物权产生的问题。当校方将空白教案本下发给高丽娅之后，其就进入了一个持续消耗及使用的状态，伴随空白教案的持续使用，高丽娅完成了由教案内容记录的教案本的创作，高丽娅为由教案内容记载的教案本的创造者，那么有教案内容记载的教案本的所有权理应归高丽娅所有。实践过程中，教师可遵从个体意愿进行个人创作的教案本的处分，包括交付、发表等，这也是教师享有教案内容记载的教案本的所有权的又一力证。因此，原审判决以高丽娅只有空白教案本的使用资格为切入点而主张有教案内容记载的教案本的所有者不是高丽娅，显然实时认定不清楚，法律适用不当。第三，原审将种类物及特定物的关联混为一谈，没有法律支撑。尽管高丽娅创作教案的目的是工作需求，然而这不能成为特定物所有权同种类物所有权关系改变的证明，也就是有教案内容记载的教案本所有权及空白教案本所有权的关系。并且其请求校方归还的是有内容记载的教案本，而不是校方最初以办公用品名义下发的空白教案本，因此其强调的是特定物的所有权。假如说校方有资格主张空白教案本的种类物的所有权，那么其实现方式不包括有教案内容记载的教案本的占有。《中华人民共和国民法通则》中针对当事人主张种类物方式进行了明确的规定：通过种类物进行替代；不存在种类物时进行折价赔偿。所以，原判针对有教案内容记载的教案本所有人为校方未做出证明前，就判定高丽娅没有资格向校方提出归还有教案内容记载的教案本归还的要求，明确没有法律根据。第四，原审裁定教案著作权不归高丽娅享有的行为是越权的程序违法行为。人民法院级别管辖法律明确指出，著作权案件纠纷的一审法院应为中级人民法院。假如案件牵涉到著作权，一审案件过程中具备评判资格的只有中级人民法院。然而重庆市南岸区人民法院，这一地方人民法院，在物权纠纷案的一审判决过程中却涉及了教案是否在著作权保护范围内的问题，显然这同级别管辖原则是相违背的，为越权程序违法。尽管原二审判定应将教案界定为"作品"，然而对于一审"教案著作权不归高丽娅享有"的判决结果却未提出异议，做出维持原判的裁定，从根本上来讲，其是对一审法院的越权行为表示认同。

当重庆市高级人民法院接收高丽娅的上诉后，在相关法律规定的范围

第一章 我国职务作品著作权归属概要

内派遣重庆市第一中级人民法院另搭建合议庭进行此案的重新审理。经过审理,2005年5月底,该法庭做出裁决。对于社会各界及媒体十分关注、检察机关在其抗诉意见中也着重提及的教案是否在著作权保护范围内的问题,此次再审裁定"一审过程中高丽娅请求法院做出教案本返还或损失赔偿的请求,同著作权问题并不存在直接关联。一审判决过程中同样未就教案是否在著作权保护范围内的问题进行明确,假如高丽娅主张教案本的著作权应归其所有,则可另立案进行处理";但针对有教案内容记载的教案本所有权主体的认定,二审判决同意一审裁决,于是做出"维持原判"的裁定。

检察机关并未简单地被动接受人民法院的判定结果,而是在认真研究其再审维持原判理由的基础上,详细分析本案涉及的法律关系,找到了再审判决的错误所在,即仍然回避教案是否具有著作权问题。与此同时,高丽娅依然不能接受二审的判决结果,遂向检察院提起上诉。首先,重庆市人民检察院同时开展了两个方面的工作,对高丽娅不服二审判决(2005)渝一中民再终字第357号民事判决)的申诉进行立案审查;其次,法院建议高丽娅另立案进行著作权侵权问题的诉讼。最后,高丽娅表示接受,并在2005年8月以著作权侵害为由,向重庆市第一中级人民法院提起诉讼,要求法院对重庆市南岸区四公里小学校未经本人同意进行教案的私自处理导致其著作权遭受侵害的问题进行处理。

2005年12月9日,重庆市第一中级人民法院做出一审判决:高丽娅本人编写的教案著作权应归其本人所有,重庆市南岸区四公里小学校未经本人同意而对其上交教案本进行自主处理的行为对高丽娅的合法著作权造成了侵害,应向高丽娅做出5000元的经济赔偿。对于这一判决,重庆市南岸区四公里小学很难接受,于是上诉至重庆市高级人民法院,然而规定期限内未进行上诉费交纳。重庆市人民法院于2006年2月做出最终裁决,由于原告重庆市南岸区四公里小学未在约定期限内进行上诉费用的交纳,依法应认定为原告撤案的情形。届时,一审判决生效,高丽娅取得了诉讼胜利，同时获得了重庆市南岸区四公里小学支付的5000元赔偿金。由于高丽娅顺利实现了诉讼目的，更好地维护了个人的法定权益，从根本上讲，人民法院一审判决的谬误也得到了妥善的处理，检察机关再纠结案件申诉或抗诉已经没有任何价值，于是依据最高人民检察院出台的《人民检察院民事行政抗诉案件办案规则》的相关条例，重庆市人民法院做出终止审查的决定。

该案件作为全国首例教案纠纷案件，除去教案所有权的问题，笔者认为本案有关知识产权的问题的焦点大概有三点：①教案是否是《著作权法》上的作品？②教师撰写教案是否是职务行为？③教案究竟是法人作品还是职务作品？

教案是包含教师辛勤汗水的智力作品，即使是同一本教材，每个教师编写出来的教案也是不同的，教案都是体现教师鲜明的个人特色的，是具有独创性的作品，可以获得《著作权法》的保护。教师撰写教案是为了完成学校布置的工作任务，而且在本案中学校还特别要求教师每个学期末要上交教案。所以教师撰写教案是职务行为，教师的教案是为了完成工作任务而创作的。在该案中，法院最后将教案的著作权判归高丽娅所有，但是也没有具体说明教案应界定为职务作品抑或法人作品。然而，基于国内同著作权相关的法律规定，职务作品著作权所有人应为创作人，而法人作品的著作权归属于法人所有，所以笔者认为该案的判决结果是承认了教案属于职务作品的。

美国法院在处理相关雇佣作品案件时确立了有关是否在"工作任务范围内"的三个条件：①与雇员被雇佣的工作的类型相关的；②实质上，作品是在工作时间内在工作场所内完成的；③作品的运作，至少是部分上，是为了迎合老板的要求。①根据我国的具体情况，笔者认为大多数职务作品中的"工作任务"可以主要分为以下三种情况：① 创作者同单位两者之间进行劳动协议的签署，就创作者应尽的工作职责予以明确；②单位的工

---

① Melville B.Nimmer, "Nimmer on copyright" Volume 1, Chapter 5, 5.03, LexisNexis.

作章程或者是单位的工作计划中所列明的工作人员的职责;③单位临时交付给创作人的工作任务。除此之外的一些具体情况可以具体案情具体分析。有学者认为,如果单位交付不在约定的工作范围或业务范围内的工作任务,那么就不能认定为工作任务,但是绝对的排除单位布置的非正常业务虽然可以保护创作人的利益。然而,假如绝对排除涉及单位业务抑或单位业务的必要组成部分,必然会对单位的合法权益造成侵害,所以不应该轻易排除单位交付不在约定的工作范围及业务范围内的工作任务。

三、对"法律责任"的分析

所谓法人责任,是指法人或其他机构代表人、主要责任人及工作人员,在职务开展过程中遭到侵害时,民事责任应有法人或其他机构予以担负。以《中华人民共和国民法通则》为代表的多项法律均明确指出,法定代表人及工作人员在经营活动中所造成的经济损失,民事责任主体为企业法人。《中华人民共和国侵权责任法》规定了"用人单位"责任,规定工作任务开展过程中工作人员对他人合法权益造成侵害的,侵权责任主体为用人单位。以国内关于职务作品的法律法规为依据,职务作品所产生的责任由法人即用人单位来承担。虽然一般职务作品将著作权归属于作者,单位在规定期限内只享有使用权,而且在一般职务作品的法律条文中不存在有关法人责任的明确规定。因此,将职务作品侵权所产生的责任由法人来承担,会引起众多的争论。但是,在该条款中,法人需要承担责任的关键是工作人员的行为与"执行工作任务有关"。一般职务作品是创作者为了保证组织派遣的工作能够顺利完成而进行的创作,因此,普通职务作品同用人单位责任构成是相符的。法律之所以进行"用人单位责任"制度的设计,是为了让经济实力强的单位成为责任主体,为受害人提供利益保证。所以,法人是普通职务作品的责任主体,是符合制度设计的初衷的。而从特殊职务作品的角度来讲,其包含作者及劳动管理两个构成因素,因此,作品对他人合法权益造成侵害的责任也应该由法人来承担。

法人在承担责任之后,是否可以向实际创作者行使追偿权呢?《中华人民共和国侵权责任法》并没有规定追偿权的相关问题。反对追偿权的观点认为,职工在劳动关系中处于弱势,如果对追偿权规定的过于硬性,有可能会造成利益失衡的局面。而支持追偿权的观点认为,法人享有追偿权,可以促使创作者认真对待创作行为,能有效防止侵权行为的发生。是否应当赋予职务作品的法人享有追偿权,应当充分考虑保护雇佣双方的利益,具体案情具体处理,不宜在法律上做出明确的规定,应当由法院在司法实践中灵活解决这一问题。

第二节 不同种类作品著作权归属比较

我国《著作权法》第十二条到第十九条规定了有关具体作品类型的著作权归属:包括委托作品、法人作品以及合作作品等。受法律规定相似性的影响,职务作品的著作权主体认定标准经常会发生混淆。本节将通过对不同类型作品著作权归属的比较分析,进一步理解职务作品著作权归属的特点。

一、法人作品与职务作品

我国《著作权法》第十一条第三款明确指出:在法人或其他组织的引导下,基于法人或组织意志而进行的作品创作,且责任由法人及组织承担的,作者应为法人或其他组织,法人作品的著作权完全归法人所有,作品的实际创作者连署名的权利都没有。我国有关法人作品的规定的参考主要来自于美国法,因为在极其重视创作者利益的传统内地法系国家,除创作者以外的其他人或组织是不可能为作者的。我国《著作权法》主要是出于产业政策的考虑,在法人作品的创作过程中,法人投入的资本较多,组织创作活动的难度较大,如果仅仅依靠合同来调节法人与创作者的关系,则

第一章 我国职务作品著作权归属概要

会大大提高企业运营的成本和管理失误导致的法律风险。①因此,将法人视为作品可以降低企业的管理成本,保护投资者的积极性。而且需要注意的是,法人作者中只是将法人"视为"作者,并没有直接规定法人就是作者,这是一种拟制法人的立法技术。②

北京市高级人民法院知识产权法庭在《2009年知识产权审判新发展》中针对法人概念进行了系统性的解释:以著作权主体行为为标准,作品能够细化成自然人作品、职务作品以及法人或其他组织作品。为便于介绍,此处以"法人作品"的称谓来替代"法人或其他组织作品"。著作权法针对法人作品的三个构成要件做出明确的规定:必须满足单位主持创作的条件;一定是基于单位意志进行的作品创作;单位为作品产生责任的承担主体。在法人作品认定过程中必须关注两个问题:首先,《著作权法》立法初衷是希望能够从一个更为严格的角度来进行法人作品的解释,《著作权法》最重要的认为就在于为作者的利益提供保障,进而激发他们建设出更多、更好的作品,推动社会的发展,所以在对法人是否为作品作者的身份认定、作品是否应界定为法人作品均应进行一定范畴的设定,将解释控制在一定范围内;其次,针对法人作品,《著作权法》进行了诸多条件的设置,体现出法人作品立法的严谨性,以《著作权法》立法初衷为切入点,法人作品所占比重相对较小,应从严格角度进行法人作品的解释。同时还应关注到,针对法人作品的必备因素同样要进行严格规定。第一,"由单位主持创作",也就是说,作品创作是在单位代表人的带领下完成的,由创作设计直至创作成功,每一环节都是在单位的带领下得以完成,而绝非简单的任意部署者。第二,基于单位意志,就是说不管是表达方式还是创作理念均应服从单位理念。假如某一作品创作过程中,单位意志得到了彻底或

---

① 庞立民:《论我国著作权职务作品法律制度的完善》,《国家检察官学院学报》2002年第42期。
② 罗伯特·P.墨杰斯,等:《新技术时代的知识产权法》,齐筠等译,中国政法大学出版社2003年版,第200页。

部分体现,个体创作者的自主度受到了极大的压缩,那么就可以认定是基于单位意志;然而在单位提供的环境下,个人可基于个体意见进行自主发挥,阐述个人思想,不管是作品布局,还是材料取舍,每一方面的工作都是基于个人主观来完成的,那么就不能认定是基于单位意志。单位只作为任务提出者而存在,创作者遵循单位指定的标准进行作品的创作,这些同基于单位意志间都存在着根本区别。第三,单位为作品产生责任的承担主体,是指作品产生责任的承担主体必然是单位,从根本上讲,个人没有责任承担的能力。第四,就产品是否应界定为法人作品进行判定,还可以对作品署名权的归属进行确定,是属于法人还是个人。假如从客观角度来讲,允许作品创作者署名的,那么便不能被界定为法人作品。只有作品创作者署名难以推动预期目标及预期收益实现的作品,才可以界定为法人作品。①

法人作品与职务作品有关著作权归属标准的不同可以分为以下几个方面:

第一,作品体现的意志主体存在差异。职务作品并不要求作品基于法人意志,虽然必须要在作者同单位建立的约定下抑或在规定指出的"职责范围"内进行作品创作,但是在《著作权法》和一些司法解释对职务作品的相应规定中却没有要求必须要体现法人的意志,即单位意志并不是职务作品的必要构成要件。但是法人作品就不同了,我国《著作权法》明确要求法人作品要体现法人的意志,创作者的法人作品创作一般是基于法人或其他组织的意志或指引下,在作品中心的前提下进行作品被动创作。②

第二,作品创作过程中的主导主体存在差异。从职务作品角度来讲,单位会就作者创作的物质需求提供保障,于细节、构造或者进度方面不会给予过多的关注,创作者自主性较大,可以根据自己的条件和想法对作品进行创作。而在法人作品的创作过程中,单位作为核心,对创作的整体流

---

① 北京市高级人民法院知识产权庭:《北京市高级人民法院知识产权审判新发展》,知识产权出版社2012年版,第20页。

② 陆飞:《职务作品及其著作权归属探析》,《知识产权》1996年第1期,第22-24页。

第一章 我国职务作品著作权归属概要

程需要进行全程的参与和监督,单位的意志是作品的核心,在创作的过程中,单位会对作品创作进度进行相应的调控。①

第三,作品权利归属配置存在区别。因为法人作品体现法人的意志,由法人承担责任,因此在法人作品中,法人享有的权利较多,法人享有包括署名权在内的全部著作权。而在职务作品中,单位的投入和所承担的风险都不如法人作品多,所以职务作品由个人享有著作权,单位仅享有部分权利,即使是特殊职务作品,法人也只是享有除了署名权以外的所有权利。②

第四,作品承担责任的主体不同。我国《著作权法》明确规定法人作品的责任由法人承担,职务作品由于创作者是著作权人,相应的就由创作者来享有著作权(特殊职务作品除外)。上面提到的责任是指同作品直接相关的以法律责任为代表的多方责任。

二、职务作品与委托作品

我国《著作权法》第十七条明确指出:在委托环境下建立起来的作品,应由委托人及受委托方共同就作品著作权归属进行商定。未建立合同关系抑或合同未涉及该内容的,由被委托人享有著作权。在进行委托作品的著作权主体认定时,应首先从合同角度入手。最高人民法院出台的《关于设立著作权民事纠纷案件具体适用法律若干问题的解释》(2002)中对两类特殊情形下的委托作品的权利归属做出了不同于《著作权法》委托作品归属的解释:第十三条:不包括著作权法第十一条第三款规定,他人予以代表,本人审稿同时用个人名义予以发表的以讲话为代表的作品形式,讲话者或报告人为作品著作权拥有者。著作权所有者可给予代笔人一定的经济补偿。第十四条:当事人共同协商而创作的有着特定主体的自传体作品,如果当

---

① 邹晓红、许辉猛:《智力投入者和财力投入者分离下的著作权归属研究——评我国委托作品、职务作品和法人作品制度》,《湖南大学学报》(社会科学版)2010年第2期。

② 邱国侠、张红生:《试析法人作品与职务作品的区分标准》,《河北法学》2004年第2期。

事人就著作权归属进行约定的,应参照约定;未曾约定的,特定任务为作品著作权者,对于相关责任人在作品创作过程中付出的努力,著作权者可进行一定酬劳的发放。我国《著作权法》第十七条关于委托作品权属的规定中,并没有使用作者的概念,因而也就没有明确创作者和委托者至今的著作权分配的法律性质。最高人民法院的司法解释所涉及的情形,通常都是合作或委托的创作情形。未曾约定的环境下,针对权利归属问题,《著作权法》进行了详细说明——属于受托人。理论上讲,最高人民法院的意图可能是,当事人之间可能存在所谓的"默示约定",将著作权归属于委托方。但是,这样的解释明显违背该条文字面的意思,也使得立法者在《著作权法》中所展现的保护创作者的立法目的落空。司法解释应当尊重立法者确立的著作所有权归属规定,同时保证委托人能够切实享有使用权力。

全球各个国家及地区在委托作品著作权归属问题上存在着不同的规定。《澳大利亚版权法》规定:除了照片、画像和雕刻以外,除非委托合同有相反的约定,否则,作品创作过程中的被委托方享有作品版权。① 尽管法国著作权就委托作品的著作权归属未做出明确规定,然而参照创作作品的作者为自然人同时自然享有著作权的原则,委托作品著作权依然掌握在被委托人手中,委托方应依照委托合同行事抑或进行著作财产权的转移。② 西班牙及德国的著作权也是如此。③ 中国"台湾地区"对委托作品与职务作品一样,也采取了调和两大法系不同规定的做法,第十二条规定:出资聘请他人完成的作品,以该受聘人为著作人。但双方可以通过合同约定以出资人为著作权人。如果以受聘人为著作人,可就著作财产权的归属问题通过合同进行约定。假如未做出约定,受聘人为著作财产权的拥有者。

---

① See Brad Shermann, James Lahoren, "International Copyright Law and Practice," Matthew Bender &Company, Inc(2006), Australia, 4(1)(b)(i)(c).

② See Andre Lucasn, Pascal Kaminan, RobertPlaisantn, "International Copyright Law and Practice," Matthew Bender&Company, Inc.(2006), France, 4(1)(b)(iii).

③ 《美国版权法》第101条:《十二国著作权法》,《十二国著作权法》翻译组译,清华大学出版社2011年版,第722页。

第一章 我国职务作品著作权归属概要

在我国有一个著名的案例最可以说明职务作品与委托作品的区别——杨松云诉日喀则地区行署修建灵塔办公室案。①

杨松云因就第十世班禅大师头像塑造之事同西藏自治区日喀则地区行署修建灵塔办公室（简称为灵塔办）产生著作权归属纠纷，遂向西藏自治区日喀则地区中级人民法院进行上诉，请求法院就第十世班禅大师头像作品著作权归属做出认定。该法院在经过审理后，根据《中华人民共和国著作权法》第十一条之三规定：在法人或相关组织的引导下，基于法人或相关组织的意志进行的作品创作，作品责任由法人或其他组织予以承担，作品的作者应该是法人或其他组织。最终做出"灵塔办为班禅大师泥塑头像的著作权拥有者"的裁决。

杨松云难以接受一审判决结果，于是求助于更高一级的法院，即西藏自治区高级人民法院。诉讼理由如下：首先，根据《中华人民共和国著作权法实施条例》的相关条例，著作权范畴下的作品是指在艺术、文学或科学范围内，具备独创属性同时能够以一种有形形式予以复制的智力型创作成果。第十世班禅大师头像是立体作品，同时包含线条因素，是具有一定审美意义的，因此应该界定为美学领域内的塑像作品。这一作品的创作仅仅依靠个体或组织的带领、在个体或组织提供的各方面支撑抑或进行修改意见的建设就能得以完成的。塑像作品的所有色彩、线条及质料均凝聚了上诉人的辛勤与智慧，所以赋予作品独特的观赏性及独创性，成为有着极大影响力的智力型创作成果。尽管被告方灵塔办在原告进行塑像作品的创作过程中，给予了材料及物质扶持，同时对于创作结束的作品也进行了修改意见建设，然而参照《著作权法实施条例》的有关规定：《著作权法》规定的创作是指在艺术及文学作品创作过程中起着决定性作用的智力活动；在别人创作过程中参与组织工作，提供各方面资源或辅助活动，参与意见建设的都不能被界定为创作。在作品塑造过程中，灵塔办参与的所有

---

① 西藏自治区日喀则地区中级人民法院（1995）日中民初字07号判决书。

行为均不是智力创作。班禅大师头像塑造的过程是原告方独立完成的，被告灵塔办既不是作品的创作人，也未同原告合作参与塑造，也不是在原告同被告的雇佣关系下建立起的作品。我国《著作权法》第十一条之二明确指出：作品作者为直接进行作品创作的公民。班禅大师头塑像是原告一手创造，那么理应享有作品著作权。一审判决认为，作品塑造过程中灵塔办参与主持同时提供了资料以及物质方面的帮助，还进行了修改意见的建设，那么判定作品的著作权拥有主体为灵塔办，这是不合理的。其次，被告灵塔办委托原告进行第十世班禅大师头像的塑造。不管是灵塔办首次同原告进行大师头像塑造的委托过程，还是第二次通过合同委托原告进行泥头像并铸造银头像的过程中，对于著作权归属的问题均未做出明确约定。《著作权法》第十七条明确指出：在委托环境下建立起来的作品，应由委托人及受委托方共同就作品著作权归属进行商定。未建立合同关系抑或合同未涉及该内容的，由被委托人享有著作权。概括而言，以《著作权法》第十一条之二的规定为依据，原告在被告委托下塑造出的首个大师头像及二次创作的泥头像连同泥头像铸造的银头像其著作权均应归原告所有。因此请求法院依照相关规定做出正确裁决，将该案诉诸作品的著作权判归原告所有，同时要求灵塔办承担相应的经济责任。

被告方灵塔办应诉，主张第十世班禅大师灵塔中，第十世班禅大师头像是必要构成结构，灵塔设计图中对于此塑像已经进行了尺寸及标准的设计，所以塑像内容应该是灵塔宗教理念及思想的呈现载体。构思及创作应该是作者独立创作的智力活动，不掺杂任何其他人因素。实践证明，原告杨松云的头像塑造过程完全是在灵塔办的主持下基于灵塔办的意志上完成的作品塑造，班禅大师头像并非原告基于个人意志下进行的"构思及创作"。杨松云塑像的过程是完全体现灵塔办意志的工作任务完成过程。该工作责任均由灵塔办承担。因此，一审法院以《著作权法》第十一条之三条例为依据，判定灵塔办为塑像著作权的拥有者，并驳回原告上诉的裁决是恰当的，应维持一审判决。

第一章 我国职务作品著作权归属概要

西藏自治区高级人民法院通过审理明确:被告灵塔办在建的第十世班禅灵塔项目,需铸造一尊镀银泥身的头塑。原告杨松云于1992年5月通过灵塔办司机获得了这一消息,便自主来到灵塔办希望被告将该任务交由其来完成。由于杨松云对于班禅大师容貌毫无概念,因此,原被告双方进行了口头协议的达成,杨松云根据班禅大师照片先进行泥头像的尝试建设。在尝试建设的过程中,灵塔办为杨松云提供了一定的物质帮助,同时还有5张大师生前照片,同时就班禅大师容貌特征进行了多次修改建设。最初双方在口头约定过程中,对于作品著作权问题以及费用承担方并未进行约定。班禅大师头像试塑造工作得以顺利完成,灵塔办同杨松云协商进行银塑像铸造合同的签订时,杨松云希望灵塔办为其提供26万元的使用款,由于报价过高,双方并未达成共识。后两者经过反复商议,1993年1月,双方订立了《研制班禅大师塑像合同》。合同内容如下:① 杨松云在当前成功塑造的头像前提下,依照头顶到颧骨27厘米的标准再进行一个泥头像的塑造,技术效果不能比原头像差。② 第二个泥头像塑造完成后进行银头像内外模型的塑铸,并承担一定的铸造工作。上述两个项目共支付费用7000元,成功通过验收另付3000元奖金。对此双方均无异议,同时也得到了很好的落实。而后,杨松云以著作权归属及费用讨要为由将灵塔办告上法庭。上述事实依据共包含双方就班禅大师头像塑造的合同一份、5张班禅大师照片、参与班禅大师头像塑造的工作人员证词、双方当事人证词,完全有理由做出判断。

西藏自治区高级人民法院主张:双方当事人进行诉诸的著作权归属作品为第十世班禅大师银头像。此前塑造的两尊班禅大师泥塑以及银像内外模型铸造,均为班禅大师银头像塑造的准备工作,不能同作品本身相混淆。法院一审关于泥头像著作权的归属问题认定存在谬误,应予以推翻。第十世班禅大师生前是我国伟大的宗教领袖,也是国家领导人。进行第十世班禅大师银像著作,体现了国家的意志。灵塔办在国家的委托下进行该工程的落实,灵塔办对作品的所有责任予以承担。第十世班禅大师头像塑铸,并不仅仅是进行制定人身头像的塑造,还暗含着某种特定的宗教理念,塑像工作人员无权基于个人意志进行作品的发挥及创作,只能安全遵照灵塔办的组织及意志。原告、被告之间是有事实的雇佣关系存在。因此裁定灵塔办为第十世班禅大师作品著作权的拥有者。杨松云以著作权第十一条之三条例为依据做出的著作权主张,同时要求被告支付一定赔偿的诉诸不合理,不予支持。

第十世班禅大师头像的塑造,是原告杨松云的辛勤及汗水的结晶,被告灵塔办同杨松云共同签订的《研制班禅大师塑像合同》中就杨松云的工作酬劳及奖励已经进行了明确约定。鉴于这一项目执行过程中杨松云发挥了十分积极的影响力,灵塔办还应为杨松云支付一次性经济补偿,法院对此进行数额的确定。

本案主要涉及对《著作权法》中的作品、职务作品与委托作品这几个概念及其区别的理解。这里重点分析一下职务作品与委托作品的问题。首先是有关劳动关系的认定。《著作权法》关于职务作品的规定,是为了解决在具有劳动关系的双方当事人之间就受雇期间劳动者所创作的作品产生的著作权归属问题。因此,判定是否为职务作品,应当正确理解什么是劳动关系。通常,在用人单位与劳动者之间产生劳动关系的前提,是双方签订劳动合同。《中华人民共和国劳动法》第十六条明确指出:劳动者同用人单位通过劳动合同进行劳动关系及双方权益的约定。这一规定因其过于概括和模糊而为学者所诟病。一般而言,劳动合同的特征应体现在以下多个方面:①劳动合同主体包含劳动者及对应用人单位。②劳动合同的标的是劳动者的劳动行为。③劳动合同的内容应满足劳动者完成再生产的需求。④之所以进行劳动合同的签订并非是以劳动成果的给付为目的,而是为了保证劳动任务的顺利完成。⑤劳动合同的履行具有从属性和非强制性。⑥劳动合同的权益具备可持续性。⑦劳动合同内容均为合法的。该案件中,两者确实签订过一个合同,即《研制班禅大师塑像合同》,但这一合同的性质并非劳动合同,理由在于:首先,

第一章 我国职务作品著作权归属概要

该合同的目的是由原告向被告交付班禅头像,属于劳动成果的给付,不符合劳动合同的典型特征。其次,被告对于原告劳动力的使用是一种暂时或临时的行为,不符合劳动合同具有延续性的特征。劳动合同的延续性突出地表现在,员工在劳动合同存续期间,用人单位为其缴纳的多项社会保险,伴随劳动合同关系的终止其才能得以享受。单位是否为员工进行了各项社会保险费用的缴纳,这也是判断双方关系是否为劳动关系的标准。本案中,被告并未替原告支付社会保险费,合同消灭以后原告不能享受到基于该合同关系所产生的后续利益。最后,该合同违背了劳动合同合法化的要求。劳动合同的合法性决定着必须基于法律基础来进行劳动合同内容的确定,包括员工的就业及退休年限、社会保险承担比重及分配比例、劳动环境的安全及卫生等。本案中该份合同的内容显然与该特征不符。因此,本案原告与被告灵塔办之间并不具有劳动法意义上的劳动关系。事实上,本案原告是一位民间泥塑艺人,在就班禅头像塑造一事与被告发生接触前,与被告没有其他法律关系。① 其次是有关职务作品的认定。只有在双方之间确实存在劳动关系的前提下,才有进一步讨论是否为职务作品的价值。职务作品的特征集中体现在以下几个方面:①作者同雇佣单位进行了劳动关系的确立;②作者基于个体正常工作范畴内进行的作品创作;③作品应于雇佣企业的正常业务范畴或工作范畴内予以使用。② 只有同时符合这三个特征的作品,才是职务作品。职务作品与委托作品的主要区别,就在于后者的双方当事人之间不存在劳动关系,而只存在委托关系。职务作品的创作,是作者履行劳动合同义务的行为;而委托作品的创作则是作者履行委托合同义务的行为。本案中的《研制班禅大师塑像合同》,其性质显然不是劳动合同,而是一种加工承揽合同,所以不能将原告的创作成果认定为职务作品。本案判决,实值商榷。

相对职务作品作者来讲,委托作品作者在法律地位上存在差异,从职

---

① 金长荣主编:《知识产权案例精选(2005)》,知识产权出版社2007年版,第39-41页。
② 郭庆存编著:《知识产权法》,上海人民出版社2002年版,第71页。

务作品角度来讲,作者同单位存在着隶属关系,创作者处于从属地位上。①而就委托作品而言,其作者同委托者存在民法上的平等,就作品的内容进行协商建设。并且,职务作品与委托作品的创作来源的民事法律关系是不同的,委托作品的创作是建立在创作者与委托人签订的委托合同关系上的,作者同单位或相关机构间建立的劳动关系或雇佣关系是职务作品认定的根本条件,两种不同类型著作权的归属也不同。我国法律针对职务作品著作权归属做出了详细的约束,然而委托作品著作权认定还处于空白状态,著作权归作者所有的规定并不存在。②

三、职务作品与合作作品

我国《著作权法》第十三条主张:若作品的创作是集合了多于两人的活力,著作权的归属应认定为合作作者共有。只有在创作过程中切实发挥作用的人,才能视为合作作者。可进行合作作品的分割使用,对于自己创作的部分,作者享有独立的著作权,然而作品整体著作权是不受行使著作权侵扰的。《美国版权法》第一百零一条即明确将"两个以上的作者意图使其创作的部分被吸收到整体作品之中,成为整体作品中一个不可分割的部分或者与其他部分相互依存的部分"作为构成合作作品的要件。许多国家的著作权立法还要求合作作者各自的贡献在整体合作作品之中无法被单独辨认或相互加以区分,以此作为合作作品的认定条件。《澳大利亚版权法》相关法律针对合作作品的概念也进行了明确的界定:"所谓合作作品是指作品创作是在不低于两个作者的努力下共同完成的,其中一个作者的贡献是同其他作者融于一体的,很难予以独立。"这条法律将合作作品定义为"作品创作是在不低于两个作者的努力下共同完成的,其中各自的贡献无

---

① 郑成思:《知识产权论(第2版)》,法律出版社2001年版,第222页。
② 沈仁干:《关于中国著作权法制定的回顾》;刘春田:《中国知识产权二十年》,北京专利文献出版社,1998年第41期。

第一章　我国职务作品著作权归属概要

法区分或分割"。《日本著作权法》《英国版权法》和《德国著作权法》①也都做出了相似的规定。

合作创作是创作者成为合作作者的基本要求。一件作品之所以能成为合作作品，必须要满足两个条件：合作意图和合作事实。合作意图，是指创作者在从事创作时，存在有创作合作作品成为合作作者的意图。合作意图的内容至少包含两方面，首先是共同完成一个作品，其次是要成为合作作者，二者缺一不可。最低限度的要求是必须共同完成一个作品，否则就无所谓合作作品了。②在一些案件中，各方虽然有共同完成某一作品的意图，但是并不一定期望一方成为合作者。最常见的就是出版社或者杂志社的编辑，虽然经常和作者一起修改作品，但是双方并无成为共同作者的愿望，创作意图应当在各方创作作品之时就存在。即各方将自己的贡献融入合作作品，成为合作作者的意图是在创作之时就已经存在的。如果直到创作结束之时，双方仍无合作意图，则意味着并没有创作合作作品的意图。按照默认规则，在没有合同约定的情况下，创作者自动获得独立的版权保护。即使在完成作品以后，创作者同意别人对该作品进行利用或者修改，修改后的作品也不能被认为合作作品。

所谓合作事实，则要求创作者必须实际参与创作，做出实质性贡献，如若不然则不能认定为合作作者。在作品创作过程中提供资料或物质帮助，抑或参与意见的人都不能认定为合作作者。当然参与创作的形式可以是多种多样的。例如，摄影师在教授学生的过程中，在拍摄角度、拍摄对象、明暗、焦距等方面给予具体的指示，如果其学生只是按照老师的指示机械地完成作品的拍摄，则摄影作品的著作权应当由摄影师享有。但是如果学生在摄影的过程中还加入了自己的构思，那么摄影师和学生即为合作作者。但是如果摄影是由学生独立完成，教师只是传授一些自己的摄影理念，并

---

① 《德国著作权法》第65条、第88条、第89条：《十二国著作权法》，《十二国著作权法》翻译组译，清华大学出版社2011年版，第167页、第176—177页。

② 程开源：《知识产权法》，南开大学出版社1993年版，第81页。

未参与实际创作,那么该作品著作权不能认定归教师所有。

我国《著作权法》第十三条之二款明确指出:允许合作作品的分割使用,对于自己创作的部分,作者享有独立的著作权,但是不得损害整体的著作权。《著作权法》对于如何"分割使用"并没有相应的规定。如果要是单个作者对于合作作品中自己的部分能够分离出来使用,而不包含其他作者的贡献,则属于可以分割的情形。最典型的就是合作作曲的音乐作品,如果分别由不同人相对独立的完成,则允许独立使用。那么必须明确的就是合作作者在进行个人创作部门的独立应用过程中,在大多数情况下不会损害合作作品整体的著作权。但是也有个别情况,合作作者使用自己创作部分时损害了合作作品的完整性。①

《中华人民共和国著作权实施条例》第九条对于合作作品整体使用进行了补充说明:不允许合作作品分开使用,所有合作作者共同拥有作品著作权,作品使用必须征得所有合作作者的同意;难以达成共识的,同时没有正当理由予以支撑的,任何人不得以任何借口对其他人不包含转让权在内的其他权利予以行使,然而所取得的收益归合作作者共有。针对该项规定,可以有以下几点理解:① 合作作者可以通过合同约定著作权的形式,约定优先法律默认规则。如果双方明确约定,合作作品的著作权必须各方一致同意才能行使,则任何一方都不能单独行使该著作权,否则就会构成违约。② 在没有合同约定的情况下,假如进行著作权的转让,必须取得其他合作作者的同意。此处的转让同样包含所有权转让,不包含一般许可的。③ 合作作者向第三方发放许可时,原则上应事先和其他合作作者协商,取得其他合作作者的一致同意。这一协商程序使得合作作者对作品的使用能够拥有事先决定权,是具有法律意义的行为。如果其他合作作者无正当理由拒绝,则合作作者可以径自发放许可,但要与其他合作作者共向许可所得。在其他合作作者有正当理由拒绝的情况下,某个合作依然自行使用或对外

---

① 费安玲:《知识产权法教程》,知识产权出版社 2005 年版,第 210 页。

第一章　我国职务作品著作权归属概要

许可使用，则该合作作者要承担直接侵权责任或共同侵权责任。在没有正当拒绝理由的情况下，事先协商的意义在于可以免除合作作者的侵权责任，不论协商能否达成一致。④ 除了不得转让之外，当双方就自行使用作品协商未果的情况下，合作者依然不能侵害其他合作作者对合作作品所享有的著作人身权。⑤ 合作作者自己使用作品所得收益，也在分配之列。虽然目前的《中华人民共和国著作权法》和《中华人民共和国著作权法实施条例》（修改送审稿）中对此都没有做出明确的规定，但是在《著作权法》（修改送审稿）中明确规定，合作者自己使用的收益也应向其他合作作者分配。①

合作作品与职务作品的著作权归属的不同主要体现在第一，雇佣双方的法律地位不同。职务作品中，作者与工作单位存在隶属的关系，作者在正常工作范围及业务范畴内遵从单位的部署。而合作作品则是指作品创作是由不低于两个作者共同完成的，存在绝对平等的民事关系。第二，作品创作体现的意志存在差异。合作作品最重要的是创作意志的统一，作品的合作性质决定着不同作者的意志应充分进行结合，离开了其中的任意一人，均不能完成合作作品的创作。第三，权利归属存在差异。普通职务作品著作权拥有者为创作人，而创作人在特殊职务作品上只享有署名的资格，其他所有权利则归单位所有。但由不低于两个作者共同创作的合作作品的著作权则应归所有合作作者共有。创作过程中没有实质性作用的，不能认定为合作作者。允许合作作品的分开独立使用，对于自己创作的部分，作者享有独立的著作权，然而作品整体著作权是不受行使著作权侵扰的，也就是说普遍原则为共同享有，分割使用为特殊情况。

---

①　苏杭：《试论法人作品的属性及其法律规范》，《著作权》2001年第2期。

第二章 我国职务作品著作权归属存在的问题

我国颁布的《著作权法》针对职务作品进行了细化,其包括两种类型,并就其著作权归属问题做出了对应规定。

第一,创作的完成有赖于法人或相关机构的物质技术条件,同时以作品工程设计图为代表的各方面责任由法人或相关机构予以承担的职务作品;以及有相关法律或条例明确指出法人或相关机构享有著作权的职务作品,作品自然人作者只拥有作品的署名权利,而其他权利主体则均为单位。此类职务作品的完成仅以自然人一己之力一般是很难实现的,还有赖于单位针对作品提供的经济、技术及资料等各方面的扶持。[①] 以计算机软件为例:对于许多大型软件,或者具有特定用途软件,程序员往往需要使用单位提供的高性能计算机,用单位的资金购买相关的资料,特别是需要和单位的其他程序员交流,利用他们在编程方面的专门技术和经验;有时候还需要使用单位才可能获得的专有技术和技术秘密。例如,目前国内许多软件公司都在组织程序员编写网络游戏软件,但网络游戏软件中被称为"游戏引擎"的核心部分往往是进口的,需要软件公司花费巨资从国外引进,

---

① 王迁著:《知识产权法教程》,中国人民大学出版社2007年版,第166–167页。

第二章 我国职务作品著作权归属存在的问题

并聘请外国专家进行技术指导。正是因为单位为此类作品的创作提供了必需的物质及技术资源,为更好地激发单位对创作作品的投资热情,为他们合理化的投资利益提供更好的保障,法律才规定这类作品不包括署名权在内的所有权利应归单位所有。①

第二,其他职务作品的著作权归作者所有,而单位却能优先用于业务的处理。作品创作完成后的两年之中,作者必须取得使用单位的同意后才能准许第三方以同该企业相同的作品使用方式进行作品的使用。尽管此类职务作品创作的目的也是为保证工作任务的顺利完成,然而单位创造的物质技术条件在其创作过程中没有决定性的意义。尽管部分工作是为保障单位职责范围内的工作能够得以实现,但是由于单位投资的水平较低或者根本不需要单位进行特定投资,单位只享有作品完成两年内的使用优先权。无可置疑,职务作品完成后的两年中,假如单位同意,作者就能够允许第三人以同单位相同的作品使用方式进行作品的使用,然而所取得的酬劳应同单位按规定权重进行分配。②

尽管我国《著作权法》对职务作品著作权归属规定的如此详细,但是无论从职务作品自身的概念还是著作权权利配置方面和具体处理实践问题方面来说,我国的职务作品权利归属都存在相当多的问题。

第一节 立法存在的问题

一、有关的"工作任务"定义不清晰

我国《著作权法》明确指出,所谓职务作品是指公民为保证法人或相关组织安排的工作能够顺利实现而进行的作品创作。从此处规定可以看到,是否是按照工作任务的要求完成的作品是作品被定性为职务作品的关键。

---

① 胡康生主编:《著作权法释义》,北京师范学院出版社1990年版,第43页。
② 李国光主编:《知识产权诉讼》,人民法院出版社1999年版,第207页。

当今社会，劳务市场已经发生了翻天覆地的变化，多种雇佣方式层出不穷，单位同雇佣之间的关系复杂性逐步强化。①从字面意义上来解读，职务作品创作者为保证单位安排的工作抑或正常工作范围内的工作，也就是执行工作机构的工作任务，针对同单位签订劳动合同的职工，其工作任务主要涉及职工劳动合同中所约定的工作任务。但是现实情况复杂多变，很多导致职务作品著作权归属纷争的根源就在于我国《著作权法》并未针对"工作任务"做出明确界定。②例如，学校老师的工作任务主要是教育学生，但是如果老师在课余时间引导学生建立兴趣小组，小组的发明创造还取得了十分优异的成绩。在这种情况下，应将发明创造视为职务作品还是界定成个人作品？所取得的荣誉应当归属于学校还是教师个人？对于这样类型的案件，我国目前相关的法律法规还没有统一的标准和规定进行解释。

  在前述的"高丽娅诉重庆市南岸区四公里小学"一案中，一审法院认为教案属于职务作品，"参照《中华人民共和国著作权法》第十六条之一的规定，所谓职务作品就是指公民为保证法人或相关组织安排的工作能够顺利实现而进行的作品创作。涉案的教案是原告高丽娅为完成被告重庆市南岸区四公里小学的教学工作任务而编写的，应当属于职务作品……首先，涉案教材不属于法律法规或协议约定的著作权归被告所有的职务作品；其次，尽管原告所诉诸的教案职务作品利用了被告一定的物质技术条件（如空白教案本等），但并不是主要地利用了被告所提供的物质技术支撑，并且本案中所涉及的教案职务作品的著作权，其法律责任承担主体并非被告。"从判决书中可以看出，法院认定教案是为了完成学校的教学任务而完成的，属于职务作品，但是因为教案不属于《著作权法》规定的特殊职务作品类型，而且教案作为单位提供物质条件较少的职务作品，所以应当

---

① 李承武：《浅析法人作品与职务作品的关系及其在法律适用上的意义》，《著作权》1997年第2期。

② 江平，沈仁干，等著：《中华人民共和国著作权法讲析》，中国国际广播出版社1991年版，第144页。

第二章 我国职务作品著作权归属存在的问题

由撰写教案的教师享有著作权。因我国《著作权法》对"工作任务"的表述不够具体,所以给予了法院很大的自由裁量空间。本案中,法院将教案的著作权赋予了教师。但是教师为完成学校教学任务而撰写的教案,与教师为完成学校规定的发论文的任务而发表的论文,性质是否一样呢?在《著作权法》中是否应该区别对待呢?对此,崔国斌教授认为:"所谓创作者的职责内容,应不仅仅包含进行创作的任务,而且还应包含雇主意图利用该作品著作权的要求。后者应该根据行业的习惯来决定。[①]有些时候,雇主要求雇员创作或发表作品,但并非是为了获取雇员作品的使用权。而只是意图通过创作和发表行为本身来维持或考核雇员的工作能力。比如,大学要求教师发表学术论文,但大学并无意获得该论文著作权。在这种情况下,法院或许可以否定此类作品的职务作品特征。"

二、职务作品与法人作品难以区分

职务作品与法人作品的最根本差异就体现在著作权所有者不同,法人作品的著作权所有人为法人,而创作者才是职务作品著作权的拥有者。但是二者从构成要件上来看,相似度还是很高的。[②]"职务作品"共包括3个构成要件:① 自然人作者同法人或其他组织之间建立起劳动合同,作品的完成是为了保证组织分配的工作任务能够顺利完成;②作品创作完成有赖于法人或其他组织为其创造的物质技术环境;③以工程设计图为代表的特殊职务作品的责任承担主体为法人或其他组织。法人作品同样包含3个构成要件:① 代表法人或者其他组织的意志创作的;② 由法人或者其他组织主持;③ 由法人或者其他组织承担责任。构成要件的高度相似则直接加大了实务工作的难度,在很多案件中,作为案件关键的作品很难确定是

---

① 高松元:《高校著作权争议及其解决》,《河北法学》2010年第5期。
② 邱国侠、张红生:《试析法人作品与职务作品的区分标准》,《河北法学》2004年第2期。

职务作品还是法人作品。[①]

例如，颇具影响力的"胡进庆、吴云初诉上海美术电影制片厂著作权权属纠纷"一案，案件情况复杂，原被告对于作品究竟属于法人作品还是职务作品争执不下，而且由于年代比较久远，涉及很多《著作权法》未规定职务作品以前的问题，所以该案件更具代表性。

原告胡进庆、吴云初因著作权问题同被告上海美术电影制片厂（简称为美影厂）产生纠纷，遂将被告美影厂告上法庭，由上海市黄浦区人民法院开庭审理。两原告诉称：① 1984 年，《葫芦兄弟》摄制组还未成立，原告之一胡进庆就启动了"葫芦娃"造型美术作品的创作，同时开始筹措美影厂首部系列剪纸动画片。相对现代的动画电影来讲，剪纸动画片存在着本质的差异，导演必须就剪纸动画品进行各个分镜头脚本的绘制，涉及剧情、角色造型、文字及拍摄等各个领域中。胡进庆于 1984 年 3 月成功创作出《葫芦兄弟》第三季的分镜头脚本，紧接着于 5 月份又创作出前两集的分镜头脚本，并且"葫芦娃"造型以发型为首的各方面造型也得以确定，且通过七个颜色来代表葫芦娃七兄弟。原告吴云初的贡献主要体现到葫芦冠饰上，胡进庆笔下的"葫芦娃"暗含菱形头饰、仅有右边一片叶子，吴云初对其进行了修改，修改后的造型为头戴葫芦冠，右边新增一片叶子，同时完整地描绘出"葫芦娃"的正面稿及侧面稿，还有彩色稿，经过全厂征稿比评，最终于 1985 年被告选中了该造型，同时在影片中全部予以体现，因此"葫芦娃"造型的初始创作人为两个原告。自 1986 年 3 月开始到 10 月为止，原告胡进庆又分别进行了《葫芦兄弟》自第四集开始直到第十三集的分镜头脚本，而后分别交给对应的摄制组进行拍摄。② 原告胡进庆于 1988 年 1 月到 6 月又进行了《葫芦兄弟》续集《葫芦小金刚》共六集分镜头脚本的创作。"金刚葫芦娃"基本沿袭了"葫芦娃"的造型，略微做出调整：白衣着身，颈部有金光葫芦饰品熠熠发光。上面

---

① 韦之：《著作权法原理》，北京大学出版社 1998 年版，第 289 页。

第二章 我国职务作品著作权归属存在的问题

提到的《葫芦兄弟》及其续集,每一集结束后的序幕上均明确了由胡进庆及吴初云担任造型设计,即表明被告承认两原告是"葫芦娃"角色造型的创作人员。③ 两原告从未利用被告的物质技术条件创作涉案影片的分镜头台本,原、被告双方就角色造型美术作品的著作权也无任何约定。被告所谓的组织影片主创人员深入生活与"葫芦娃"角色造型美术作品的创作无关。涉案影片的薪酬及奖金已全部分配到位,然而其为劳务费属性,同案中的美术作品著作权间不存在直接关联。尽管被告美影厂在"葫芦娃"角色造型美术作品的选稿上发挥着决定性作用,然而其确实是两个创作者通过个体努力自主完成的作品,不能将其界定成法人作品,而是职务作品。④ 虽然"葫芦娃"角色造型美术作品诞生于我国《著作权法》施行之日前,但由于本案涉及的作品仍在保护期内,故我国《著作权法》可回溯适用本案争议。在美术电影中,人物角色表演的载体是由人创作的美术作品所虚拟的形象造型,在电影未播放前,这一角色造型作品就已经诞生,依照我国《著作权法》的有关条例,可视为同电影相对独立的个体作品且其著作权应归两原告所有,并且电影中"葫芦娃"形象的著作权人也应该是两个原告,因此请求法院将《葫芦兄弟》及其续集的系列剪纸动画电影中所呈现出的葫芦娃形象美术作品的著作权判归胡进庆及吴云初。

被告美影厂辩称:① 涉案角色造型是由两原告等人绘制的草稿在摄制组内进行公示,并由组内成员共同探讨调整,同时美影厂创作办公室及艺术委员会不断研究进行修改意见建设,促进作品持续优化,最终的审定任务由美影厂艺术委员会予以落实。原告胡进庆在角色造型、背景及剧本定稿的支撑下进行分镜头台本的制作,其为导演的本职工作。被告对于涉案作品创作过程中两原告所做出的努力是持肯定态度的,然而作品是在被告的组织下,依据法人意志进行创作,同时作品责任由法人予以担负,因此,该作品应属于法人作品。之所以为两原告署名,是由于摄制组成立之时造型设计工作是分配给了两原告,同时也是两原告亲自执笔完成。② 涉案影片创作的社会背景是计划经济时代,被告影片的拍摄完全是依照国家下达的任务指标,在获得电影局许可后成立摄制组开展拍摄工作,每一个摄制人员均同被告间建立起了实质性的雇佣关系,被告进行人员工作的分配,影片完成后由国家依照计划统一包销。本案影片主创作者亲临生活、投资拍摄,同时被告为其提供了包含拍摄费用在内的所有费用。彼时我国《著作权法》仍处于筹措阶段,双方不可能先知先觉,通过合同方式就著作权归属进行约定。③被告安排导演每年的工作任务量为一部时长20分钟的影片或两部10分钟时长的影片,在导演工作量的基础上进行其他创作者的工作安排。《葫芦兄弟》打开了创作人员酬金制的局面,《葫芦兄弟》还在全球范围内获得了多项荣誉,依照规定比重已进行了奖励的分配。④创作"葫芦娃"角色造型是为了拍摄影片,动画电影中"葫芦娃"的角色形象是不断变化的,连续性的,因此从中抽取一个独立的画面都没有使用的价值,法律依据不足。角色造型无法实现相对影片独立的使用,即便能够独立使用,其著作权也应归被告所有,这样能够推动动漫产业实现更好的发展。基于上述依据,被告主张法庭应驳回原告上诉。

原审的问题主要集中在①"葫芦娃"造型设计是否构成作品及由谁创作;②"葫芦娃"造型设计美术作品的性质;③"葫芦娃"角色造型是否可以作为独立作品予以使用且著作权由创作者单独享有;④"葫芦娃"形象与"葫芦娃"角色造型美术作品的关系。

上海市黄浦区人民法院一审认为:

1. "葫芦娃"造型设计是否构成作品及由谁创作

无论是文言文形式的民间故事《七兄弟》,还是坊间流传的关于十兄弟的故事,再到本案影视作品《七兄弟》的剧本,均系文字作品,即便是《葫芦兄弟》的剧本及其中有关"葫芦娃"的描述,也是一种文字表达,"葫芦娃"造型初创者初次通过线条描绘出作品的基本框架,国字脸形的设计凸显出角色的正直善良、浓眉大眼、长睫毛、红唇,无不体现出孩子的天真烂漫,雄浑有力的臂膀线条体现出无所不能的本领及力量;上装的坎肩与下装的短裤相配显得精干利落;头顶的葫芦冠饰衬以两片嫩叶,颈部的黑色项圈

第二章 我国职务作品著作权归属存在的问题

上点缀两片葫芦嫩叶，腰部的葫芦叶围裙，叶片经略清晰可见，不仅层次感十足，同时又遥相呼应，实现了葫芦同男童形象的巧妙结合，打造出一个灵动天真、雄浑有力、炯炯有神的角色形象，同时七兄弟分别对应七种颜色，不仅凸显出每个一兄弟的身份同时又强调了差异，无不彰显出作者的独具匠心及精湛的绘画技术，以手工绘制为载体实现图像的立体化转变，加之线条、服饰、轮廓灯元素的巧妙结合，共同塑造出一个特定的角色形象，即"葫芦娃"，其从抽象思维或概念中脱离出来，成为一个具有可复制价值，充满独创性及艺术色彩的角色造型，同《著作权法》上明确的作品构成要件相吻合，理应适用《著作权法》。再看"金刚葫芦娃"，由于其同"葫芦娃"形象大致统一，只是从佩饰及衣服颜色上做出了细微的调整，因此不能认定为是新作品，可归结为一个"葫芦娃"角色造型。综上所述，法院认定"葫芦娃"角色造型构成美术作品。

在进行"葫芦娃"角色造型创作者的认定过程中，两原告不仅未在相关部门进行作品版权的登记，同时也未能提供关于角色造型的定稿作品。原告胡进庆提供的据以证明其作者身份的70页分镜头台本不仅不完善，同时形成时间还有作者署名也是空置的，每集的片名也是进行了后续修改或添加的，且分镜头台本并不等同于角色造型；原告胡进庆提供的"葫芦娃"造型美术作品三幅无形成时间和作者署名；原告吴云初提供的《葫芦兄弟》《葫芦小金刚》6页人物美术资料无形成时间和作者署名，明显形成于《葫芦兄弟》影片完成之后，是事后制作，且上述造型稿与影片中的"葫芦娃"形象仍有差异，而原告提供的证人均未到庭作证，故本院对上述证据均不予采信。因此，根据两原告的举证，很难证实"葫芦娃"角色造型作品是由其自主完成的。但是，涉案影片的影片目录、每集结尾的工作人员列表等多项内容上的造型设计均署名为胡进庆、吴云初，对该署名自影片创作完成至今双方均无异议，被告美影厂亦承认两原告对系争造型所做出的贡献。根据我国《著作权法》有关假如没有对立规定，拥有作品署名权的自然人、法人或其他组织就是作品作者的规定，法院据此判定，

"葫芦娃"角色造型作品为两原告合力创作的成果。

2. "葫芦娃"造型设计美术作品的性质

一般来讲,通过法律制度能够对国家包含社会在内的各方面特征有一个很好的了解,针对涉案权属的裁决,也应考虑作品创作的时代特征及法治背景。第一,基于宏观的社会现实来讲,被告美影厂举证的所有内容均证实,本案影片创作的社会背景是计划经济时代,作为全民所有制企业,被告必须严格执行行政审批手续来进行影片作品的创作,影片发行及供应也要在国家的部署下予以实施,比如,按照上级主管部门的年度指标进行年度创作题材的部署及汇报,以年初设定的发展规划为根本进行人员工作部署,单位为劳动成果的所有者,企业最终将劳动成果汇报给有关部门进行统一刊发,年底同上级主管单位及政府相关机构进行指标完成情况的汇报等。作品创作之时,两个原告是为完成被告方安排的正常工作任务而进行的作品创作,为其分内之事,必然单位应享有创作成果的著作权,这不仅是行业惯例,更是社会中一个不成文的规定。第二,基于彼时的法治体系而言,自1987年1月1日正式贯彻实施的《中华人民共和国民法通则》第九十四条从原则角度出发做出了下列规定:著作权归公民或法人所有,同时还依法享有出版权、发表权及署名权等多项权利。针对影视作品著作权归属以及作品中允许独立使用且可由作者自主完成著作权行使的部分并未建立起对应的规定。可借鉴1985年出台的《图书、期刊版权保护试行条例》(现在已被废止),其也明确指出,如果作品发表是以单位或集体的名义,那么单位或集体为著作权所有者。涉案作品创作之时,不可能超前适用于1991年6月出台的《中华人民共和国著作权法》相关规定,通过合同就职务作品著作权问题做出明确界定。所以,主张作品创作的著作财产权归两原告所有的论调没有任何法律基础。第三,基于微观规章制度而言,被告举证的证人证言均指向一个事实,涉案作品在创作过程中,以导演为代表的工作人员均是以美影厂创作办公室规定的任务指标为依据组织工作,在导演工作量的基础上其他相关人员开展个体工作。原告及被告就被告针对

第二章 我国职务作品著作权归属存在的问题

涉案影片成立摄制组的事实达成共识,并指派原告胡进庆担任导演,两原告任造型设计,这是履行个体职责范畴内的工作。因此,为保证单位下达的任务指标能够顺利完成,并领取对应的薪酬等待遇,则法人为创作成果的著作权所有者,同大众的认知是统一的,也是社会公众均认可的行业规则。第四,就领取的报酬来讲,1986 年 3 月被告上级公司下达的文件明确规定:自 1 月 1 日起创作人员实行酬金制。1986 年 8 月 18 日广电部电影局发函明确表示:得奖影片摄制组已接受了全额的奖金,其中核心创作者领取了 60%;为激发导演的拍摄热情,进而导出更多、更优秀的作品,自 1987 年起,开始适当抬高导演奖金数额。该制度设计同样体现出,国家基于当时的历史环境而对创作劳动成果的尊重、鼓励以及劳动价值的体现。上述文件根据两原告口供、三位证人有关已领取酬金和奖励的证言及被告提供的财务凭证均表明,针对涉案作品的创作,两个原告确实已经领取了相对工资奖励更高的薪酬及奖金,诉诸影片最早于 1986 年上映,直至两个原告于 2010 年提起诉讼整整 24 年的时间中,并不存在两原告质疑被告做法的力证。并且,涉案作品创作完成后的 24 年时间中,两个原告从未就著作权问题同被告进行交涉。综上所述,以作品创作的年代背景、历史环境及双方当事人的具体行为为依据,能够就该作品的著作权权属做出界定,其应归被告所有,两原告所拥有的只是作者身份明确的权利。

针对涉案作品为法人作品的说法,被告美影厂做出的辩解,法院主张,虽然两原告是单位职工,造型设计属于其职责范围,涉案作品是在单位组织下,为保证工作任务的顺利推进而建设起的作品,责任的承担主体为单位,然而,我们不能片面地将法人意志的体现同单位进行工作任务分配、针对创作提出相关要求抑或进行修改意见的建设等视为同一个概念,如若不然,职务作品同法人作品间再无界限可言,每一个职务作品均可被界定成法人作品,自然人创作者将被踢出作者队伍。涉案美术作品无须依赖单位创造的物质技术环境进行创作,创作过程也并非进行在单位意志之上,而是作者自主思想、人格及意志等的呈现。不管是角色造型的色彩、轮廓,抑或服饰、配饰等,每一个细节都是作者个人情感、思想及选择的表达。尽管被告美影厂指出,以摄制组为代表的多个成员曾做出意见建设,然而这难以撼动"葫芦娃"造型建设方面做出突出贡献的作者的地位。并且,通过片尾署名我们能够发现,造型设计主体就是两个原告。所以,"葫芦娃"角色造型作品的创作并不是基于法人意志完成的,所以不能将其归划到法人作品的范畴内,对被告的上述主张,法院不予采信。

3. "葫芦娃"角色造型是否可以作为独立作品予以使用且其著作权由创作者单独享有

我国《著作权法》第十五条第二款针对"电影作品以及同电影拍摄相类似的创作作品中以配乐为代表的可以作为独立作品进行应用的作品,其著作权由创作者单独享有"的规定包含三个适用基础:第一,满足作者的身份,这是为了使电影作品的合作作者著作权的单独使用能够享受到更好的保护,假如不是作者,就不能成为适用本条款的合格主体,单独保护的根本条件也就不具备。本案中,关于影片结尾的造型设计,被告美影厂是为两个原告的署名,也就是肯定了本案诉诸的影片角色造型作品的自然人作者为两个原告;第二,作者为著作财产权的所有者,也就是说,只有保障了作者的著作财产权,以编剧为代表的创作者才能自主实现著作权的行使,相反,假如认定法人或其他组织为著作财产权的所有者,那么就算是作品创作人在作品著作权归属方面也毫无权利可言,著作权的独立行使更不用再提。也就是说,只有以《著作权法》第十一条和第十六条规定为依据,当作者为著作财产权的所有者时,才满足本规定适用的条件。本案中,前文已探讨过被告独立享有诉诸作品的著作权,两个原告的权利仅限于作者身份的明确,因此两个原告也不满足本条规定适应的标准;第三,允许作品的单独使用,这里的单独使用并不是说抽取影片中的其中一个部分进行应用。在电影整体表达中,截图是不可或缺的重要构成部分,截图并不具备相对影片独立的表达能力,其只能在影片营造的环境及背景下,诉说电影中的故事及角色,单独使用依然是进行电影的使用,绝非抽取电影的

第二章 我国职务作品著作权归属存在的问题

构成部分进行独立使用。尽管这一规定仅体现出剧本及音乐两类艺术作品,然而,因为涉案角色造型是能够相对电影而独立存在的,同时被应用于其他服务范畴中,从本质上讲,多年来原告及被告始终纠结于不同的著作权侵权案件之中,足以证明涉案作品已实现了相对电影而独立的应用,因此"葫芦娃"角色造型作品应被认定为能够独立使用的作品。前面提到的三个方面,只有同时兼顾不低于两个条件,才能进行该条例的适用,因涉案作品不包括署名权在内的其他权利并非归两原告所有,因此两原告不满足该规定适用的条件。

4. "葫芦娃"形象与"葫芦娃"角色造型美术作品的关系

两原告在庭审中一再提及其所主张的著作权也包括映射在电影中的每一个"葫芦娃"形象。法院认为,就存在于影片中的每一个"葫芦娃"形象而言,由于两原告已同意被告美影厂将其作品拍摄成电影,且电影作品的整体著作权应由被告行使,双方当事人对此均无异议,因此两原告主张的"葫芦娃"角色形象作品著作权归属的所有观点,法院均不予支持。

涉案角色造型美术作品植入影片后,加上后期的动作设计、导演、摄影、灯光等多领域创作者的共同配合,打造了"葫芦娃"这一具有鲜明个性的角色形象,该形象涉及多个方面,不仅有着独特的姓名、声音、造型及个性等,同时还包含着在某种特殊环境下的人物表现以及人物对人、物的反应等,多重因素共同打造出一个完整的艺术作品形象,即"葫芦娃",人们在日常生活中接触到静置的"葫芦娃"形象时,其并非片面意义上的艺术作品,而是集合人物特征、故事情节等的生动形象。所以,法院肯定了"葫芦娃"整体形象打造过程中,被告美影厂所贡献的突出力量。对于"葫芦娃"形象的巨大影响力,结合被告提供的证据及陈述表明,"葫芦娃"形象之所以能够迅速在内地蹿红,成为妇孺皆知的动画形象,其原因集中体现在以下几个方面:首先,1986年,被告决定投资于《葫芦兄弟》系列剪纸动画电影的拍摄;其次,自1986年开始直至1991年,被告持续推出两部影片共19集动画电影;最后,20年时间里,该影片多次登上荧屏,在电影院及电视台进行展映，推动了电影及角色形象"葫芦娃"影响力及知名度的不断提升，将"葫芦娃"打造成具备机智勇敢，勇于同邪恶做斗争等多重优秀品质的代表性动画形象，在全社会范围内产生了绝佳的公众效应，拥有了坚实的观众基础。两原告对于被告的上述投资、出版发行等行为均未表示异议。所以，以民法主张的公平原则为切入点，"葫芦娃"的整体形象打造及知名度提高都是被告的功劳，因此对于两原告主张"葫芦娃"形象著作权所有人应为原告所有的论点，法庭不予采纳。

胡进庆、吴云初难以接受这一结果，遂向上海市第二中级人民法院提起诉讼，请求撤销一审判决，依法改判。主要理由如下：① 上诉人提供的前三集分镜头台本中的"葫芦娃"形象是葫芦兄弟和金刚葫芦娃角色形象的原创美术作品，由上诉人于1984年创作完成，原审法院对此事实认定有误；② 上诉人对"葫芦娃"职务作品应享有完整的著作权，而非仅有署名权，原审法院适用法律错误。

被上诉人美影厂辩称，不同意上诉人的上诉请求，分镜头台本不能证明上诉人享有"葫芦娃"造型著作权，其形成于造型确定之后。被上诉人坚持在一审中所持观点，即《葫芦兄弟》影片和"葫芦娃"形象是在美影厂的集体领导下创作完成的，属于法人作品。

通过再次审理，上海市第二中级人民法院除了一审查明事实又有了新的证据。二审法庭主张，基于动画电影的创作过程来看，动画电影中的角色形象应有静态造型在先，该造型如构成美术作品，应受到我国《著作权法》的保护。本案中，双方当事人均确认，系争造型即"葫芦娃"角色形象最初由胡进庆创作，经吴云初修改。被上诉人虽称该造型综合了集体的意见，代表了被上诉人的意志而最终形成，但根据现有证据，在《葫芦兄弟》动画片正式立项以前，胡进庆已独立创作了"葫芦娃"造型初稿，经吴云初补充修改，再报美影厂相关部门审核。最终形成的"葫芦娃"造型虽经美影厂其他创作人员的若干修改而成，但与原作相比并无实质性差别，不构成新的作品。故难以证明"葫芦娃"造型是由被上诉人主持，代表其意

第二章 我国职务作品著作权归属存在的问题

志而创作的。此外,虽然当时已有《七兄弟》的文学剧本梗概,但该剧本的内容与后来形成的《葫芦兄弟》有较大差异,且当时尚无角色形象造型,故也不能据此认为"葫芦娃"造型是基于《七兄弟》而产生的。综上所述,法院确认系争"葫芦娃"造型美术作品同我国《著作权法》第十一条第三款的规定不相匹配,因此不能认定为法人作品。

另外,上诉人提交了《葫芦兄弟》前三集的分镜头台本,作为"葫芦娃"造型美术作品原件的证据。该分镜头台本因形式要件欠缺,未被原审法院采信,对此二审法院不表异议。但证明作品的著作权归属并不必然与作品的载体相联系。换言之,即使上诉人未能提交其主张的造型作品的原件,也不意味着就应否认其权利。本案中,根据《葫芦兄弟》动画片的署名、证人证言,以及双方对创作过程的陈述等,足以确认上诉人创作了系争"葫芦娃"角色造型美术作品,且是为完成单位的工作任务所创作的。因此,系争作品属于我国《著作权法》第十六条规定的职务作品。本案的关键就在于该职务作品的著作权归属问题。

本案系争造型美术作品创作于我国《著作权法施》行之前,当时的法律法规和政策对职务作品著作权的归属并无规定,因涉案作品尚在著作权保护期内,故本案应适用我国《著作权法》的现行规定予以处理。我国《著作权法》第十六条区分了职务作品著作权归属的不同情况,法院认为,系争作品属于该条第二款规定中的特殊职务作品,也就是说,"法人或其他组织依法或依照约定享有职务作品的著作权",理由如下:

首先,本案中,对于涉案作品著作权归属问题两者并未建立起对应的书面合同,然而此种行为的发生有着一定的历史特性。正如原审判决所言,无法要求本案当事人在创作作品时就根据《著作权法》的相关政策,明确约定职务作品著作权归属问题。并且,彼时的立法针对这一问题的规定也不完善,因此应将重点集中于当事人行为采取的具体方式及客观意思,只有全面了解这一问题才能对涉案作品的著作权归属做出正确的判断。

其次,基于彼时的法治环境来讲,国内著作权法律制度还处于真空状态，社会公众的著作权保护意识相对淡薄，双方当事人对此也予认可。因此，才有证人所述的，谈论权利问题是"很不光彩的事情"的情况发生。这说明，对于整个动画电影创作过程来说，工作任务执行过程中所形成的劳动成果应归单位所有，这同人民大众的认知是统一的。并且，《葫芦兄弟》动画电影拍摄之时，蒋友毅就职于美影厂创作办公室主任，其强烈指出严禁创作人员对外投稿，但本案原告作为当时的创作人员对这一要求并未提出质疑。当前所掌握的证据也不能证明上诉人是在《葫芦兄弟》动画片拍摄期间即向《动画大王》投稿的。也就是说，原告通过个人行为践行了被告的规定。通过这一事实能够了解到，本案当事人对于被告对包含原告在内的所有创作人员做出上述规定均持赞同态度，起码是不否定，也就是说被告有权控制动画电影中的角色形象。所以，以诚信为切入点，原告事后反悔的意思表示实则不恰当，强调涉案角色造型作品的著作权应归其所有。

再次，从被上诉人的行为来看，被上诉人在动画电影拍摄完毕后，并未干预原告《葫芦兄弟》作品的对外投稿及刊发行为，这不能代表被告放弃了权利，只能说明是放弃了权利的行权，也就是说淡漠作品所创造的经济效益。因为在此过程中，被上诉人的著作权并未受到质疑，也未产生如本案这样的权属纠纷，故其行为不能看作是对权属问题的表态。同理，被上诉人其后在相关侵权诉讼中未以原告的身份主张权利，也仅能作为如上理解，而非如上诉人所言是不具备权利人的资格。

最后，本案中，涉案角色作品的原创者确实是两原告，代表着两原告的个体意志，因此应对原告的作者人格给予肯定。详细来讲，针对同涉案作品相似的特殊职务作品，应参照著作权的相关规定，将署名权划归原告所有，不包括署名权在内的其他权利由被上诉人享有。

综上所述，涉案角色造型艺术作品有着强烈的年代色彩，原告一手创建的职务作品，不包括署名权在内的其他权利均由被告所有。因此，一审法院认定事实清楚，适用法律正确，上诉人的上诉请求不能成立。

本案争论的焦点在于《葫芦兄弟》这部动画片究竟是属于职务作品还

第二章 我国职务作品著作权归属存在的问题

是法人作品。由于本案发生之时,我国职务作品的法律规定还处于真空状态下,所以当时双方当事人并没有就该作品签订合同,对当时双方的具体意思表达也无法追究。但是"但根据现有证据,在《葫芦兄弟》动画片正式立项以前,胡进庆已独立创作了"葫芦娃"造型初稿,经吴云初补充修改,再报美影厂相关部门审核。最终形成的"葫芦娃"造型虽经美影厂其他创作人员的若干修改而成,但与原作相比并无实质性差别,不构成新的作品"。可以说,"葫芦娃"的形象在美影厂真正立项之前,就已经创作出来了,后来虽经相关部门审核又修改,但因是在原稿上进行的修改,并没有产生真正新的作品,所以"葫芦娃"不是根据法人的意志创作完成的,不符合法人作品的构成要件,法院根据一系列证据确认"葫芦娃"归属于职务作品。

法人作品究竟代表谁的意志?根据关联的司法解释,一般而言,法人意志是指企业董事会抑或法人代表的意志。暂且不考虑法人意志能否通过个人意志得到全面的体现,怎样进行以董事会为代表的意志的判定?法人作品创作过程中以何种方式进行的意志体现呢?有学者认为,法人作品具体执行人所提供的不过是"辅助性、事务性、技艺性的劳动",技艺性劳动是无法产生作品的。这种观点令人不解。其次,法人作品责任由法人承担这个问题也令人费解。与作品相关的责任包括作品(产品)瑕疵或不满足合同要求而承担的侵权和违约责任,也包括作品相关责任,并不局限于作品自身对他人以肖像权为代表的初始权利造成侵害所应承担的责任。从第一种情形来讲,比如,由于某一软件自身设计不完善,导致客户的需求未能得到满足抑或侵害了消费者的经济利益,该责任应由法人承担,其实他是将作为合同主体之一的法人对第三方应承担的合同责任或产品责任作为作品认定的标准;第二种情形其实都不宜作为认定构成法人作品的要件。①

法人作品与职务作品在法律上分界不明,第一,很难区分两者的作品意志。尽管已经从理论角度对两者进行了区分,然而职务作品是创作者意

---

① 张俊浩主编:《民法学原理》,中国政法大学出版社2000年版,第65—66页。

志的根本体现,法人作品则代表着法人或相关组织的意志。职务作品创作者是在个体正常的工作范畴内进行的作品创作,不可避免会被单位意志所干扰。相对的,法人作品创作过程中,法人意志以个人意志为载体进行体现。作为两种不同作品认定的关键因素之一的作品意志导致了法人作品和职务作品的无法区分。并且在复杂事物的影响下,法人意志的形成过程及方式也呈现出多样化的特征,导致法官判案的难度得以深化,也加大了法官的自由裁量权。① 第二,很难正确区分法人作品与特殊职务作品。② 因我国《著作权法》同时就法人作品及特殊职务作品两个概念做出了规定,但两类作品在著作权归属上又存在着差异,因从需要付诸行为的创作人角度来讲,作品到底应界定成法人作品,还是特殊职务作品就意义重大了,这是由于假如认定作品属于特殊职务作品,那么起码署名权的所有权还归创作者所有,可以以个人名义对署名权遭受侵害的事由提起诉讼。③ 反之,如果作品属于法人作品,受"视法人为作者"原则的影响,作品创作人依法不享有任何权利,包括署名权在内的人身权利同样不存在。④ 我国《著作权法》在进行特殊职务作品概念界定时,还专门以计算机软件的例子进行说明。那么在单位的带领下,软件公司成员为保证单位安排的工作能够顺利完成,依靠单位创造的物质技术环境所建起起来的软件到底应界定为法人作品,还是属于特殊作品呢?笔者主张,以在行的《著作权法》为依据,很难找到上述问题的合理答案。之所以导致作品在法人作品及特殊职务作品认定过程中的冲突,就是因为我国《著作权法》借鉴别国立法经验时,对立法间的本质差异并未建立起全面的认识。但是我国学者对于法人作品和特殊职务作品的关系学说均各执一词,可以预见实际操作难度。假如以作品构成要件为切入点进行区分,法人作品的创作是在法人或其他组织的

---

① 李明德、许超主编:《著作权法》法律出版社 2003 年版,第 155 页。
② 张少峰:《试析著作人身权与委托作品的著作权归属》,《学术论坛》2005 年第 7 期。
③ 杨巧:《论知识产权对民法理论的发展与突破》,《知识产权》2004 年增刊。
④ 张平著:《知识产权法详论》,北京大学出版社 1994 年版,第 348 页。

第二章　我国职务作品著作权归属存在的问题

带领下,基于法人或其他组织的意识予以创作,作品相关责任由法人或其他组织承担。而特殊职务作品则是指公民为保证法人安排的工作任务能够顺利完成,依靠法人创造的物质技术环境予以创作,作品相关责任由法人予以担负。不考虑责任承担主体相同的要件,前面已介绍过的作品意识以及不存在区分价值的物质技术环境,那么重点就集中在"作品是在法人的带领下"以及"作品是为了保证法人安排的工作能够顺利完成",这两个概念是相对笼统的,应通过更多条件进行区分。我国法院在具体处理案件的过程中,常常将"作品体现谁的意志"作为重要的断案依据,但是创作者在创作作品的过程中,其实很难将自己的意志与单位意志区分开来的。① 正如王迁教授在其文章中写道的那样,"所谓意志是指为保证某种目标的实现而催生的心理状态,意志表达是非常不具体的。② 假如不加以规制,作品创作过程中,所有法人的指示均可认定成法人意志。以立法参与者的解释为依据,法人作品应代表法人或其他组织的意志进行创作思想、表达方式的确定,并且法人或其他组织意志的体现大都是以领导部门或法定代表人的职务执行合法性为载体来完成的。这就说明了作品只要是在领导部门、法定代表人关于创作思想及表达方式的指示下予以创作,其必然就代表了法人意志"。③ 比起一味地将"意志"因素作为判断作品的重要因素,不如强调一下其他作品的重要性,如法人组织的创作过程、行业习惯等,这将更有利于实务工作中评判案件的准确性。

三、一般职务作品与特殊职务作品区别模糊

以我国《著作权法》的相关规定为依据,两者最根本的差异就体现在法律规定以及当事人约定的情形,相对一般职务作品而言,特殊职务作品

---

① 刘春茂主编:《知识产权原理》,知识产权出版社2002年版,第212页。
② 王芳:《论职务作品的界定及其著作权的归属》,《科技与出版》2005年第1期。
③ 王迁:《论"法人作品"规定的重构》,《法学论坛》2007年第6期,第35页。

最大的不同就体现在其创作过程有赖于单位创作的物质技术环境。特殊职务作品相关责任的承担主体一定是单位，但一般职务作品却并未涉及这一点。然而，这一区分的关键集中在实践过程中物质技术条件的对比相对困难。《中华人民共和国著作权法实施条例》第十一条针对物质技术条件的概念做出了解释：是指保证公民作品创作的以资金为代表的各种需求均能得以满足。之所以进行此规定的建设，是因为立法者考虑到伴随经济的持续成长，昂贵的作品创作费用必将让个人创作者难以承担，并且个人创作者也难以承担起作品相关责任。然而事实表明，这一立法初衷太过理想，难以实现。① 迪兹教授明确表示"物质技术条件"的区分要件太过笼统，一般来讲，物质技术条件是每个职务作品创作的标准配置，所以，实践过程中这一区分没有任何价值可言，认为特殊职务作品认定要件包含作品责任由单位承担不符合逻辑。所谓法律责任是指由于相关责任人的违法、违约行为或法律规定应由其承担的消极法律后果。② 根据上述条例，特殊职务作品制度之中，假如作品导致他人正规权益遭受侵害，那么所产生的法律责任应由单位承担。即作品属于特殊职务作品是法律责任由单位担负的根本条件，不包括署名权在内的其他权利均归单位所有。相反，假如认定该作品为一般职务作品，那么作品相关责任则不能由单位承担。从本质上来讲，责任由单位担负仅为特殊职务作品的一个特性，并不能上升到构成要件。③ 所以，法律责任由单位担负并非特殊职务作品的成因，而是结果。认为责任由单位承担为特殊职务作品构成要件的主张对于两者之间的因果关系的认知相对偏颇，不符合逻辑。由此笔者建议，我国《著作权法》中关于一般职务作品同特殊职务作品的区分是不合理的，是不同逻辑思维相对立的。《中华人民共和国著作权法实施条例》第十二条针对职务作品进行抽象规定的做法也是不妥当的。以这一规定为根本，在职务作品完成后

---

① 沈仁干：《版权论》，海天出版社 2001 年版，第 256-277 页。
② 李明德、许超主编：著作权法，法律出版社 2003 年版，第 155 页。
③ 王迁：《知识产权法教程（第三版）》，中国人民大学出版社 2007 年版，第 167 页。

第二章 我国职务作品著作权归属存在的问题

的两年时间中,创作人在获得单位的准许后,可支持第三方以同单位相同的作品使用方式进行作品使用,所得收益依照规定比例同单位进行分配。然而依照《著作权法》的相关条例,职务作品包括一般职务作品及特殊职务作品两种类型。特殊职务作品著作权中仅有署名权归作者享有,不包括署名权在内的其他权利归单位所有,同时单位应给予作者对应的经济补偿。所以,单位也是特殊职务作品获得报酬权与许可使用权的主体,绝不是作者,所以作者获得单位准许后支持第三方应用、作者支持其他人使用获取利益的客观存在基础也没有了。《中华人民共和国著作权法实施条例》中立法者针对职务作品做出了对应规定,所谓职务作品是指一般职务作品,其仅为《著作权法》相关条例的补充。然而《中华人民共和国著作权法实施条例》中职务作品抽象规定的做法却也将特殊职务作品覆盖其中,极易导致理解偏僻,所以是不合理的。

第二节 权利配置不平衡的问题

一、单位所享有的优先权过大

我国《著作权法》规定创作人为一般职务作品的著作权所有者,然而同时在作品完成后的两年时间里享有作品的优先使用权,作者必须获得单位许可后才能允许第三人以同单位作品使用相同的方式进行作品的使用。一般来讲,国内职务作品共存在两类,一种是普通职务作品,另一种则为特殊职务作品。普通职务作品主要依赖于创作者的智力性投入得以创作,在以资金为代表的资源方面的需求相对较小,但是在作品创作过程中,单位确实投入了一定的资源,所以,为保证单位同创作者两者之间的利益平衡,《著作权法》规定创作者为职务作品的著作权所有者,同时规定作品完成后的两年时间里,单位享有独占优先使用权。令人惋惜的是这条规定并不具体,导致实践过程中产生了一些不必要的争端。第一,单位是否无偿享有独占优先权。我国针对特殊职务作品的规定中指出应针对创作人进行一定的经济补偿，然而普通职务作品却并未涉及对创作人奖励。既然依照法律，单位在作品完成后两年内享有独占优先权，同时在获得单位准许后，可允许第三方进行作品使用，所取得的收益同单位按比重进行分配，足以证明单位在权利方面的优越性。假如能够根据职务作品为组织创造的利益按照一定比重分配给创作人，既能够刺激创作人员的职务作品创作积极性，同时在利益的驱动下又能促使职务作品质量的不断优化。第二，单位在"优先使用权"行使中独大。为保证个体经济利益的最大化，创作人必然希望作品使用规模能够不断扩大，然而，假如希望同单位的作品使用方式一样进行作品的使用，必须要经过单位的许可。但从根本上来讲，对于创作人的作品使用申请，单位大都会以各种托词拒绝，假如单位本就未进行作品的应用抑或作品应用形式单一的情况下，作品未被利用抑或通过与单位不同的形式进行作品使用，创作人应承担同单位利益不冲突的举证责任，基于创作人的弱势地位，难以独自承担起举证责任。奈何单位享有两年的独占优先权，假如单位在这两年时间里大肆应用作品，必然会对两年后作品的使用造成影响。

二、特殊职务作品创作者合法权益无法保障

关于特殊职务作品的规定并不仅仅局限于我国《著作权法》第十六条第一款规定，同时以计算机软件的特殊属性为切入点，还专门制定了《计算机软件保护条例》，明确了计算机软件的具体著作权归属。《计算机软件保护条例》第九条明确指出：软件开发者享有软件著作权，该条例特殊规定除外。如无对立规定，享有软件署名权的自然人或单位为开发者。

第十条：如果软件的开发是超过两个的自然人、法人或其他组织合力完成的，合作开法者应通过书面合同就软件的著作权归属做出约定。书面合同未建立抑或建立后无明确约定的，可针对软件进行分割使用，开发者

第二章　我国职务作品著作权归属存在的问题

拥有各自开发部分的著作权；然而，著作权行使过程中，不应对整个软件的著作权产生干扰。不允许合作开发软件的部分使用，所有合作开发者共同拥有整体软件的著作权，著作权行使由各拥有者协商决定；难以达成共识，同时又没有正当理由的，不包括转让权在内的其他权利可不受干扰地予以转让，然而所得利益应同合作开发者共享。

第十一条：受托于他人进行软件开发的，委托双方应通过书面合同就软件的著作权归属做出约定；书面合同未建立抑或建立后无明确约定的，受托人为软件的著作权人。

第十二条：国家职能机构安排进行软件开发的，应依照项目任务书（合同）确认著作权归属及行使；如果项目任务书（合同）中并未建立对应规定的，软件开发的法人或其他组织为软件著作权所有者。

第十三条：在法人或其他组织的安排下，自然人于正常工作范畴内进行软件开发的，如存在下列之一情形，软件著作权则归法人或其他组织所有，法人或其他组织应针对软件开发者支付对应薪酬。

（一）软件是基于个人职权范围内具体的开发目标予以开发的；

（二）软件的开发是职权工作范畴内自然发生的或预见性的后果；

（三）软件的开发有赖于法人或其他组织创造的以资金为代表的物质技术环境，同时软件相关责任均由法人或其他组织承担。

我国《著作权法》第十六条第二款规定明确指出，不包括署名权在内的其他权利均归单位所有，单位可支付创作人一定的经济报酬。然而，关于职务作品创作人的奖励，我国《著作权法》体现的是"可以"，而并非"应该"，同时，对于单位应支付创作人的奖励金额也未做出具体说明。所以，实践过程中部分政府单位主张，单位为职务作品创作者下发的工资，就是为创作人的职务作品创作提供了足够的物质条件。所以，深受此观念的萦毒，多数职务作品创作者只能按月领取单位支付的薪资，除此之外再无任何权利可言，至于奖励及作品分成自是不必再提。实际上，创作人从单位领取到的固定薪资同所付出的智力劳动是不对等的，这就造成了职务作品创作者难以获得很好的物质权利保护，所创作出的价值远远大于取得的利益，对创作者的职务作品创作的积极性产生了严重的干扰。我国《著作权法》明确指出，特殊职务作品不包括署名权在内的其他权利均为法人或相关组织所独有。暂且不提著作财产权，但就著作人格权而言，这一规定并未就发言权及修改权等权利归属做出明确规定。尽管有研究人员主张法律并未针对此类权利做出对应规定，处于法律真空状态，此类权利归属是个模糊的概念。然而仅从字面进行法条解读，极易解读成以发表权为代表的各项权利所有人为单位。那么，假如有纷争出现，此类有着极强人身依附性的著作人格权极易通过判决划归单位所有。

第三节　实践中存在的问题

一、忽视雇佣双方的合同内容

我国《著作权法》第十六条第二款规定明确指出当事人可约定普通职务作品向特殊职务作品的变更，这个条款给了雇佣双方很大的自治权力来约定职务作品类型，进而确定著作权的归属。但是很多时候法官只是根据现有法律规定来判断职务作品的类型，从而忽略了雇佣双方签订的合同。在姚洪军案中，一审和二审法院就忽略了双方签订的合同。

2006年8～12月，姚洪军在德琦公司工作。双方于2006年8月24日签署的《专有资料保密协议》中第三条"著作权"规定："员工同意，在其受聘于公司期间，因工作（如撰写文件，答复审查意见，翻译文件、书稿、文章，撰写用于发表的文章等）而产生的著作权权利全部归公司所有，公司拥有全部的处置权。"姚洪军分别于2006年的9月12日、9月

第二章 我国职务作品著作权归属存在的问题

15日以及10月27日将个人作品——《世界软件专利》（Software Patents Worldwide）一书的第四章和第七章通过电子邮件发送给德琦公司。且本书于2007年11月出版于克鲁维尔国际法律出版公司。"杜少辉、宋津成、及南希·L.菲克斯"为该书中国部分的作者署名。

姚洪军于2008年3月3日同宋津成进行了电子邮件联系，发送电子邮件给宋津成，要求协商解决《世界软件专利》一书中国部分的署名权问题，并称"我不否认我通过这一写作任务获得了公司支付的酬劳，然而这同署名权之间并没有直接联系"。杜少辉于2008年3月4日同姚洪军进行电子邮件沟通，指出《世界软件专利》一书的中文部分反映的是德琦公司的意志，属于法人作品，其著作权由德琦公司单独享有。

北京百嘉翻译服务有限公司受托于姚洪军，将其著作译成英文，通过比对，发现其著作同涉案作品《世界软件专利》中国部分的第四章、第七章内容大体相同。姚洪军向翻译公司支付了翻译费305元。此外，姚洪军在涉案作品——《世界软件专利》购买时花费了320美元，2008年3月11日中国银行对外发布的美元汇率为0.71。姚洪军以德琦公司、宋志强、杜少辉侵犯了其以署名权为代表的著作人身权利和财产权利为由，诉至法院，请求判令德琦公司、宋志强、杜少辉即刻停止侵权行为，并在著明刊物上发表公开道歉，同时赔偿经济损失237763元以及诉讼合理支出2851元。德琦公司、宋志强、杜少辉辩称，《世界软件专利》一书中国部分反映的是德琦公司的意志，属于法人作品，姚洪军对此不享有著作权，德琦公司行使权利不侵害姚洪军的权利。

北京市第一中级人民法院一审认为，《世界软件专利》一书中国部分第四章、第七章的中文内容的确出自姚洪军之手，其是为保证单位安排的工作任务能够顺利完成而创作的作品，其同《著作权法》关于职务作品的规定完全吻合，因此应界定为职务作品。姚洪军同该作品相关的属于个人作品主张同德琦公司、宋志强、杜少辉有关该作品属于法人作品的抗辩，均缺乏事实依据，故不予支持。姚洪军在明知德琦公司将个人创作作品刊登于《世界软件专利》一书，也就是说，姚洪军清楚地知道德琦公司、宋志强、杜少辉在使用其作品过程中必然会对作品进行修改、翻译、出版及发表等处理，所以姚洪军关于以德琦公司为代表的被告主体对原告以发表权为迪奥表的合法权利侵害主张没有事实根据。然而，即便著作财产权流转抑或许可他人使用，署名权依然归创作者所有，其他人作品使用过程中应为创作者署名。作为《世界软件专利》中国部分第四章、第七章的创作者，姚洪军有权要求作品出版过程中为自己署名。德琦公司、宋志强、杜少辉未进行姚洪军署名的做法，对姚洪军的合法署名权造成了侵害，理应承担对应的民事责任。鉴于姚洪军所受侵害通过赔礼道歉足以得到弥补，因此关于姚洪军的经济赔偿要求不予支持。姚洪军为案件诉讼购买《世界软件专利》一书的费用为合理支出，应予以肯定。

姚洪军及德琦公司、宋志强、杜少辉均不服一审判决，向北京市高级人民法院提起诉讼。

二审的北京市高级人民法院主张，以我国《著作权法》第十六条为依据，公民为保证法人或其他组织安排的工作任务能够顺利完成而予以创建的作品即为职务作品，不包括本条第二款规定的情形，作者是著作权的拥有者，然而法人或相关机构却能优先用于业务的处理。该案中，姚洪军在进行涉案内容创作时同德琦公司存在事实的雇佣关系。德琦公司受托于格里高里·A.斯图伯斯进行的《世界软件专利》中国部分的创作，同时德琦公司又将该书中国部分第四章、第七章内容的创作任务交由姚洪军具体落实，并且针对创作任务支付给姚洪军对应的酬劳。通过上述事实有理由认定，姚洪军是为了完成正常业务范畴内的工作任务而进行的涉案内容创作，该章节应界定为职务作品。尽管姚洪军称都是在业余实践中进行的内容创作，然而创作时间是否为正常工作时间并非职务作品的认定条件。再加上姚洪军进行书稿提交时发送的电子邮件内容，足以认定原告该工作任务以及作品同正常工作之间的关联是有着明确的认知，姚洪军同作品相关的主张没有事实基础，不应予以支持。姚洪军主张《世界软件专利》一书对其

第二章　我国职务作品著作权归属存在的问题

作品进行了修改,同时进行了修改之处的列举,然而列举之处并未歪曲作品,所以并不存在侵害作品完整权的事实。参照我国《著作权法》第十一条第三款规定,在法人或其他组织的引导下,基于法人或组织意志而进行的作品创作,且责任由法人及组织承担的,作者应为法人或其他组织。该案中,尽管《世界软件专利》一书的中国部分是在德琦公司的努力下才得以完成,且内容结构及编排均由德琦公司决定,然而具体内容所呈现的依然是作品创作人的思维意识及表达方式,并非代表的德琦公司法人意志,并且通过该书署名,很难对责任承担主体做出界定。所以,德琦公司、宋志强、杜少辉主张的涉案章节应界定为法人作品的观点缺乏事实依据,法院不予支持。对于民事责任的承担,一审法院判令德琦公司、宋志强等在知名杂志上公开道歉,并且日后《世界软件专利》的出版过程中为姚洪军署名的处理是合理的。因姚洪军以复制权为代表的财产权遭到侵害为由提起诉讼被法院否定,因此对于翻译费及邮寄费等费用,一审判决并未予以支持的处理也是正当的。姚洪军上诉理论不成立,不予支持。根据诉讼法的相关规定,驳回原告上诉申请维持原判。

北京市高级人民法院经审查认为,根据我国《著作权法》中关于职务作品的规定,所谓职务作品是指公民为保证单位安排的工作任务能够顺利完成而创作的作品。可见,判断作品是否属于职务作品的关键在于该作品的作者是否是为了完成工作任务。至于作品是利用工作时间还是业余时间创作完成,以及作者所在单位应否给予作者工资以外其他的报酬或奖励,并非构成职务作品的必要条件。在本案中,姚洪军对其参与涉案作品创作是为了完成德琦公司交给的工作任务没有异议,在其与德琦公司之间没有特别约定的情况下,原审法院适用我国《著作权法》第十六条第二款之规定,认定姚洪军创作的争议作品为职务作品,依照相关法律规定署名权应归姚洪军所有。姚洪军主张作品是在业余时间完成的,并主张作品应界定为个人作品,并请求法院支持其提出的全部诉讼请求,没有事实依据和法律依据,原审法院根据查明的事实,在判决中已经具体分析了姚洪军的各项诉讼请求，其判决结果并无不当，应予维持。

在本案中，姚洪军与德琦公司在入职时就签署了相关的协议，约定工作期间撰写的相关文件的著作权权利全部归公司所有，公司对这些作品拥有全部的处置权。这实际上是将一般的职务作品经过双方签订的合同约定成为特殊职务作品。这其实是本案的关键点，由于特殊职务作品的署名权归作者所有，不包括署名权在内的其他权利归单位所有。一审、二审过程中，法院都忽视了双方签订的合同，仅将本案涉及的作品定性为普通职务作品。这种情况在实践中并不少见。在另一个案件"陈俊峰诉中国人民解放军总后勤部金盾出版社"一案中，法院仅仅凭借单位内部的规定就认为双方约定作品为特殊职务作品，未免有失偏颇。

陈俊峰从 1997 年 12 月 20 日至 2007 年 12 月 25 日受聘在金盾出版社第一编辑室从事图书编辑工作，其主张著作权的《跨世纪万年历》《袖珍实用万年历》和《工作效率手册》，所有图书选题均出自金盾出版社，单位将汇编任务交由第一编辑室，作为第一编辑室的责任编辑，陈俊峰也切实参与了汇编工作，包括图书整理及收集等工作，但这些工作均是其本职工作范围，其已经获得相应的劳动报酬和奖励；涉案图书上的署名"靳一石"，是本社集体署名方式，即金盾一编室的简称"金一室"的谐音；陈俊峰与本社之间的关系是劳动关系，不构成作者与出版社的关系；涉案图书是利用金盾出版社的物质条件完成的，陈俊峰对这些图书不享有著作权，无权索要稿酬。

本院经审查认为，涉案的《跨世纪万年历》《袖珍实用万年历》和《2002—2008 年工作效率手册》等九本图书，均为汇编作品，都是陈俊峰基于正常职能范围内完成的职务作品。在以《关于对编辑实行量化考核的暂行规定》为首的多部文件中，金盾出版社明确指出，编辑图书工作量的计算方式为版面字数 × 对应系数，同时指出在获得社领导的允许，责编自主完成著作的计算方式为版面字数 ×3 或 2.5，手册类的计算方式则为版面字数 ×1.5。从原审查明的事实来看，陈俊峰接受了金盾出版社对涉案图书按上

第二章 我国职务作品著作权归属存在的问题

述规定同对应系数相乘确定工作量,同时进行对应报酬及奖金的发放,并确实领取了对应的酬劳及奖金。涉案图书自1999年编写直至2007年出版发行,这一过程中陈俊峰关于著作权归属以及稿酬并未向单位提出异议。基于金盾出版社的文件规定而言,在获得社领导的准许后,某些时刻责编需自主完成对应图书的创作;对于此类图书的工作量计算方式为版面字数×对应系数,并计付相应的工作量酬金、超工作量奖励。上述规定意味着出版社不需要向编写此类书稿的编辑支付稿酬,也意味着单位同责编之间通过特殊行书就作品著作权归属进行了约定。也就是说,此类书稿著作权中仅有署名权归编辑所有。根据我国《著作权法》的相关规定,应裁定金盾出版社为争议作品著作权所有者。金盾出版社进行争议图书的出版发行并未造成陈俊峰著作权的侵害,因此无须支付其稿酬。原审判决认定事实基本正确,判决结果并无不当。

这个案例反映了当前我国图书出版这个行业的一些乱象,当责任编辑为完成单位的工作量而不得不做一些超出自己工作任务的工作时,这种类型工作的著作权究竟应归属于单位还是雇员个人?在本案中,陈峻峰所供职的出版社有单位的内部规定,且这一规定代表着社领导的意思,即如果责任编辑自主完成图书创作时,单位会给予编辑工作量奖励。责任编辑的工作任务无非是阅览所有稿件,以专业眼光进行稿件文学价值及社会价值的审查,并对稿件提出取舍意见和修改建议。而编写图书明显不是责任编辑的工作范围,编辑编写的这些图书究竟属于职务作品还是普通的个人作品?或者是像本案的主审法官认为的那样是特殊职务作品?单位内部经过领导授意的规定,就算是与员工经过特定方式的约定吗?仅因为员工未在工作期间内提出异议,就认为员工是默认该项规定的,这样的判决是不利于保护员工利益的。责任编辑编写的图书,应当与单位签订明确的合同约定著作权的归属,而不能仅凭内部规定,就判定双方是以特定的方式约定作品的类型。因为作品的类型一旦变更,就会影响到著作权的归属问题。

我国《著作权法》第十六条第二款规定指出,可依照相关法律或缔结的合约，确定一般职务作品向特殊职务作品的转变。然而并未具体指明合同签订的具体事项和变更后如何保护员工的利益。这是法律规定方面的缺失。我国法院在具体处理有关职务作品类型的案件时，大多数情况下只是将注意力放在职务作品的构成要件上，根据法律规定的职务作品的构成要件来判断涉案作品是一般职务作品还是特殊职务作品，而忽略了雇佣双方是否签订有关作品类型的合同。有时还会将行业内的一些规定认为是雇佣双方以特别方式约定的作品类型，这样的做法不利于对案件做出公正的裁决，也不利于保护员工的合法权益。

二、混淆雇佣关系的性质

我国法律在规定了职务作品的同时，也规定了委托作品。二者都属于存在雇佣关系的情况下创作的作品，但是二者又存在很多不同之处。委托作品与职务作品作者在法律上的地位是存在差异的，职务作品创作者同单位之间是建立起了隶属关系，作品创作者为被领导人。但是委托作品中作者同委托者在法律地位上的平等，共同参与作品内容的确定。并且，职务作品与委托作品的创作所依据的民事法律关系也不尽相同，委托作品是以委托同被委托者之间的委托合同关系为基础而得以创作的，但职务作品则是基于作者同单位之间的雇佣关系或劳务关系的基础上得以创作的。两种不同类型著作权的归属也不相同。相关法律针对职务作品著作权归属做出了明确的规定，但委托作品著作权归属则主要依据约定，如未做出约定的则著作权归创作者所有。我国法院在具体处理案件的过程中，有时候会将职务作品的雇佣关系和委托作品的独立合同关系混淆，将有些案件中的独立合同关系下产生的作品认定为职务作品。

1997年下半年，罗胜利在观看了湖南电视台制作的《快乐大本营》节目后，打电话给该节目的制片人兼总导演汪炳文，建议以摄影的形式将该节目保存起来，并要求去拍摄。汪炳文接受了该建议，并询问罗胜利要多

第二章 我国职务作品著作权归属存在的问题

少报酬,罗胜利表示不要报酬,只要为其"每场节目提供一个彩卷、冲洗费和一个前排座位"。后双方商定每场拍摄一卷,向电视台提供35张左右的彩色照片。电视台每场给罗胜利报销胶卷、冲洗费68元。《快乐大本营》每周制作、播出一次,从1997年11月16日至1998年12月5日,罗胜利参加了每期《快乐大本营》的现场拍照,共65期,即从第18~76期。罗胜利交给电视台两千多张照片,底片仍由其保管。电视台每期给罗胜利报销68元(有时加洗,则按实际加洗数报销),礼品一份。1998年4月17日,电视台给罗胜利500元作为酬劳。1998年11月18日,罗胜利交给汪炳文书信一封,主要内容:为拍出更好的照片,自己购买了相机、镜头等近万元的摄影器材;电视台所给的每场68元及劳务费都已用于购买胶卷、冲洗照片、闪光灯电池和交通费等。其朋友在电视台其他节目组每场摄影的劳务费为150~200元。要求电视台以后按每场120元(包括胶卷和冲洗费)付给其劳务费。此后,电视台按每期200元付给罗胜利劳务费,持续了三期后,电视台便将罗胜利辞退。

1998年11月20日,湖南电视台与海南出版社签订了一份出版合同,约定共同出版一本介绍《快乐大本营》节目的书籍。由《快乐大本营》节目组撰稿,海南出版社出版并发行。合同规定"上述作品的著作权保证归甲方电视台所有,上述作品保证不存在侵害他人权益的内容。假如由于甲方行使权利而导致其他人合法权益受到侵害时,所有责任由甲方承担并赔偿因此给乙方造成的损失,乙方并有权终止合同"。乙方出版社应尊重甲方确定的署名方式。1999年3月,《走进"快乐大本营"》一书出版发行。该书署名《快乐大本营》节目组编撰,主要内容是介绍《快乐大本营》节目组的主持人、编导及其他幕前幕后的工作者和众嘉宾的一些趣闻逸事等。书中采用了大量的照片,其中有罗胜利拍摄的照片114幅,对书中所有摄影者均未署名。该书印刷数为20万册,定价为18元。

原审法院审理认为,本案讼争的114幅摄影作品是法人作品,著作权归湖南电视台。罗胜利不享有诉争作品的著作权,因而,其诉讼请示不能成立。罗胜利在聘用期间为《快乐大本营》所拍底片归电视台所有，因此判定电视台的反驳理由成立，应予以支持。根据我《著作权法》法第十一条第三款的规定，判决：① 驳回罗胜利的诉讼请示；② 罗胜利在本判决生效后 10 日内，将其在湖南电视台拍摄的《快乐大本营》节目的底片交给湖南电视台。本案件受理费 6750 元，由罗胜利负担。

罗胜利不服上述民事判决，向本院提出上诉称："①一审法院认定上诉人创作的摄影作品是法人作品缺乏依据；② 上诉人不是湖南电视台的雇佣工作人员，电视台支付给我的费用是辛苦费，而不是劳务费。"

湖南电视台答辩称：本案争议的摄影作品完全符合法人作品的三个条件和特征，应属于法人作品，上诉人不享有著作权，请求二审法院维持一审判决。

法院经审理认为：上诉人罗胜利与被上诉人湖南电视台通过口头约定，达成了由电视台提供胶卷、场地，罗胜利自愿来《快乐大本营》剧组拍照的协议。在协议履行一段时间后，双方又达成由电视台每场提供 200 元劳务费的补充协议。罗胜利根据约定，利用《快乐大本营》提供的剧场灯光、舞美等摄影背景及电视台编导组织的表演节目等前提条件，拍摄出来的摄影作品，内容是否合法，能否发表均应由湖南电视台承担责任。上述作品符合我国《著作权法》第十六条第二款规定，属于职务作品，著作权应由湖南电视台享有。但是，摄影作品具有相对独立性，并不能等同于《快乐大本营》的表演节目，罗胜利在拍摄上述作品时并非完全代表湖南电视台的意志创作，且摄影作品所具有的艺术性、创造性由罗胜利创作。故罗胜利应享有署名权。湖南电视台在其与海南出版社共同出版发行《走进"快乐大本营"》一书中，摄影作品没有标署摄影人员罗胜利的姓名，湖南电视台存在过错，应承担相应的民事责任，本院酌情由湖南电视台补偿罗胜利经济损失 10000 元。海南出版社在本案中没有过错，可不承担责任。罗胜利称"上诉人创作摄影作品不应认定是法人作品"的上诉理由部分成立，本院予以采纳。上诉人罗胜利主动提出为《快乐大本营》剧组承担摄影工作，

第二章 我国职务作品著作权归属存在的问题

电视台和罗胜利之间达成的协议和补充协议是双方真实意思表示,内容无违法之处,且已实际履行。罗胜利上诉提出其不是湖南电视台雇佣工作人员,电视台支付的是辛苦费,而不是劳务费,因本案为著作权侵权纠纷而非追索劳务费的纠纷,其理由不能成立。

本案的一审法院曾经向国家版权局提供咨询意见。版权局的答复意见有以下内容:《中华人民共和国著作权法》第十七条明确指出:在委托环境下建立起来的作品,应由委托人及受委托方共同就作品著作权归属进行商定。未建立合同关系抑或合同未涉及该内容的,由被委托人享有著作权。基于你院提供的案情而言,原告同被告两者之间并未进行过书面合同的缔结,本案诉诸作品的著作权归属问题也未做出明确规定。所以,主张应由原告享有本案诉诸作品的著作权。然而委托作品同样是发生于合同关系下,并且,假如被告得不到原告的准许,是不具备涉案作品的拍摄权,同时原告的胶卷及冲洗费用也由被告买单,还支付给原告一定的酬劳等。以民法的等价有偿及公平原则为切入点,原告及被告只履行义务不享有权利,或只重权利不顾义务的行为均是不正当的。尽管涉案作品的著作权不归被告所有,但是,基于其投入的各方面费用而言,被告既然付出了,理应获得一定的权利。经营范围在被告享有的权利上发挥着决定性的作用。假如被告进行涉案作品的出版同被告制作栏目的推广之间存在着直接关联,那么就能够确定这是被告的合法权利,然而被告应支付原告一定的酬劳。①

在该案中,法院和版权局给出了完全不同的意见。法院认为该案所争议的作品是职务作品,理由是双方达成的有关电视台提供胶卷、场地,罗胜利自愿来剧组拍照的口头协议。而且,罗胜利还因为拍照领取了电视台每场提供200元劳务费的报酬,罗胜利拍摄照片的内容主要是湖南电视台的节目,这属于湖南电视台提供的条件,而且拍摄出来的照片是否合法,主要的责任承担主体也是湖南电视台,因此这一作品同《著作权法》第

---

① 国家版权局:《关于〈快乐大本营〉一案给长沙市开福区人民法院的答复》,《中国著作权实用手册》,中国书籍出版社2000年版,第604页。

十六条第二款的规定相匹配，属于经过合同约定的特殊职务作品。而版权局则认为该摄影作品属于委托作品的类型，理由是原被告双方之间并没有签订合同，没有就著作权归属有过明确的约定，所以本案应适用我国《著作权法》第十七条的规定，著作权归属于原告所有。但是假如被告是为了对个体创作的电视栏目进行推广，属于正常经营范畴内的业务，这是被告的合法权利，然而应支付原告一定的经济补偿。

　　本书更倾向于版权局的意见。首先，证据显示双方并没有签订明确的合同约定过该作品的类型和著作权归属，所以不能适用我国《著作权法》第十六条第二款。其次，职务作品创作的基础是双方存在雇佣关系或劳动关系。本案中，罗胜利并不是湖南电视台的受雇员工，所领取的报酬也远远低于电视台的员工工资，罗胜利仅仅是受托每逢《快乐大本营》播出时来拍照的摄影师。原被告双方之间的关系更像是一种独立合同关系，而非雇佣劳动关系。法院将委托关系与雇佣关系混淆，所以才会认为该案涉及的作品是职务作品。最后，法院认为罗胜利拍摄照片的前提是因为《快乐大本营》是湖南电视台制作的节目，所以是因湖南电视台提供的条件才得以拍摄。但是湖南电视台制作节目的目的是为本台提高收视率，而不是特意为罗胜利拍摄照片而制作节目，罗胜利是在电视节目播出后才开始拍摄的，这不属于为作品的完成提供的物质条件。所以，该案涉及的作品应属于委托作品，因原被告双方并没有约定著作权归属，所以按照我国《著作权法》相关规定，著作权应属于受托人罗胜利。

第三章　我国职务作品著作权归属修正

第一节　确定著作权归属的原则

我国《著作权法》中针对职务作品著作权归属的规定并不完善，这就导致司法实践过程中诸多问题得不到有效的处理。在著作权产业蓬勃发展的今天，如何科学地配置职务作品的著作权利，是事关著作权交易市场健康有序发展的大问题。客观制度均是依照某一种原则得以建成的，毋庸置疑，职务作品著作权归属制度同样也是如此。科学化的原则能够帮助制度更好地建立起对应的政策规定并贯彻落实，而不正当原则则必然会导致制度的偏颇，只能发挥消极影响。只有确立科学合理的原则才能保证我国著作权中关于职务作品著作权的问题能够得到妥善的解决。

一、创作人保护原则

从字面意义上来进行"创作人保护原则"的解读：从法律角度出发给予职务作品创作人更好的保护原则。人们通过作者的作品创作行为对作品建立起更好的了解并予以使用，也就是作者的创作行为。创作人之所以组织作品创作，其原因涉及两个方面，首先是个人灵感及爱好的推动，其次则是个体通过创作作品所能获得的客观收益，主要是财产利益及人格利益，并且创作人的创作行为还有可能产生一定的社会效益，例如，人民大众在文化作品熏陶下所接受到的正确引导及教育；科学技术领域及经济领域通过科技作品获得前进的动力等。因此创作人作品的塑造是有着一定的影响力，应首先就创作人的合法权益给予更好的保护，不能让别人肆意占有、践踏创作人付出了辛勤及智慧所创作出来的优秀作品，导致利益得不到好的维护，并且受著作权本身独特性的影响，此类作品的侵害极易发生，所以，此种从创作人情感切入，有效冲击创作人创作热情，进而导致新作品数量减少的行为，严重干扰着社会的正常发展。创作职务作品的主体同样是有着保护需求的创作人，必须给予他们更好的保护及尊重，这样才能保证创作人、法人及其他组织之间能够建立起和谐的利益关系，所以，我国《著作权法》必须充分做好：应针对创作人进行一定数额的物质或经济补偿，为其著作财产权提供更好的保护，推动公平正义的顺利落实，此举必然能够激发创作者创作更多、更优质的作品。[①]

二、利益均衡原则

所谓利益均衡原则，其同利益兼顾原则是存在差异的两个原则。我国《著作权法》针对职务作品的规定不管是相对内地法系制度来讲，还是相对英美法系制度来讲均存在一定的区别，英美法系国家主张作品著作权主体应为雇佣者，而内地法系国家则强调创作人为著作权人，我国很好地将两者融于一体，保证了单位与创作者在权利面前的平等性及公平性，这就是"利益兼顾原则"。然而，相对利益兼顾原则来讲，利益平衡原则还是存在一定特殊性的，因为公正、正义并不是利益兼顾原则的论调，其同利益平衡原则中的"优先"主张是相违背的，或许同对价原则也是不吻合

---

① 马俊驹、余延满：《民法原论》，法律出版社1998年版，第397页。

的。通过优先、对价两个原则来推动利益平衡原则的贯彻落实。所谓优先原则是指为保证利益关系的和谐，通过立法将无法转让、不能剥夺的权利附加到权利主体身上，同时借助对价方式，保证利益平衡机制的顺利落实。最初对价原则是以英美合同法为载体的原则，如果不存在合同，那么对价也就没有任何意义。但是此处的对价原则等同于等价有偿，主体必须通过一定对价来换取对应的利益，或许此种对价为金钱，也可能是履行某种对应的义务。综上所述，对价原则就是公平正义原则的根本体现，同时也能够为利益主体享受到均衡的利益。

而利益均衡原则则是指在某种利益体系及形态下呈现出的利益体系和谐共处，均衡发展的状态。作为职务作品的直接创作者以及单位均是职务作品的直接利益人，二者就利益问题始终难以达成统一意见。笔者主张著作权立法的首要目标就在于保证单位同创作者之间能够建立起和谐的利益关系。但为了保证个体利益的最大化，并尽量最为妥善地处理利益主体之间的争端，这就为利益平衡原则的使用奠定了现实基础。当前国内职务作品可细化成两类，一类是职务作品，另一类是特殊职务作品。[①] 不管职务作品的著作权人被界定为单位还是作者，都应该保证创作者同单位的利益均衡状态。假如确定单位为职务作品著作权的所有者，那么作品创作者则明显处于弱势地位，但作品创作的整个过程融合了创作人的辛勤努力及智力投资，为保证作品作者的权益，单位可通过以物质奖励为代表的相关方式对创作人进行补偿，通过更为妥当的鼓励政策更好地激发创作者的作品创作积极性。比如，《中华人民共和国证券法》和《中华人民共和国公司法》均针对股东的知识产权做出了对应规定。此举能够保证通过货币进行股价方式的顺利应用，同时也可在法律的范围内进行非货币财产的转让折价出资。如果职务作品著作权归创作人所有，同样应为单位权益提供保障，这是由于在作品创作过程中，单位为其创作创造了物质技术环境，应使单

---

① 米科斯特：《私法自治及其限制》，《中德经济法研究所年刊》1994年第5期。

位的使用权得到合理的保障,保证单位投资能够取得对应收益。伴随互联网技术的突飞猛进,其逐步涉及社会生活的各个领域中,受网络信息传播的高速性及便捷性的影响,传统作品著作权的保护及归属问题都面临着新的问题,诸多研究人员对于这一问题又发出了质疑的声音:"互联网时代,职务作品发展的最大阻碍就在于社会价值能否得以实现,也就是说在职务作品创作者合法权益及财产权获得有效保障的基础上,我们作为大众的一分子是否也能够很好地享受智力成果。进而保证无论信息社会怎样发展,其始终坚持自己的初衷——为人们提供更多的财富及更优质的享受,而绝非持续的争端及繁重的压力。"这就更好地体现出利益均衡的观点。所以,关于职务作品著作权归属的认定标准,最关键的就是利益均衡原则的遵循,同时这也是《著作权法》立法理念的根本体现,它能够推动作品创作者同单位两者之间建立起良好的利益关系,保障二者的和谐发展。

三、意思自治原则

意思自治原则是《中华人民共和国民法通则》中的一项根本原则,作为民法中不可或缺的重要组成部分,职务作品理应同意思自治原则相契合,并且,作品著作权归属问题的认定方式通过意思自治原则实现了灵活性的发展,各相关利益主体可提前通过合同对作品著作权归属及权利分配进行约定,也可以以利益主体的意思自治为根本通过有效的商议妥善处理,有效地免去了诉讼资源的投入,保障作品以经济价值为代表的各方面功效均能得到很好的体现。① 然而,我们还应关注,在同单位的利益冲突中,作为弱势群体作品创作者,为了不丧失工作机会只能选择牺牲自己,保全单位,导致个体真实意愿备受压抑,难以得到彻底的体现,从某种程度上导致个体利益遭受侵害。所以,我们应通过立法的方式为利益遭受侵害的作品创作者提供一条光明的维权之路。

---

① 中山信弘:《多媒体与著作权》,张玉瑞译,北京专利文献出版社 1997 年版,第 97 页。

第三章　我国职务作品著作权归属修正

第二节　完善职务作品著作权归属的建议

一、我国现存法律混乱

为更好地激发作者的创作热情,将著作权归作者所有,在这一前提下,各个国家的著作权法中大多都进行了投资者激励措施的建设,为产权流转及版权产业发达奠定基础。因理论研究较少,立法技术不足,导致我国《著作权法》立法存在一些完善性较差的规定,最具代表性的当属法人作品。基于当前我国《著作权法》修订语境下,可将法人作品问题细化成几个相关的问题:法人作品同职务作品之间存在着怎样的关联?法人作品及职务作品同时设置的意义体现在哪里?怎样才能通过修订促进其不断健全?1990年《著作权法》首次进行了法人作品(或称为单位作品)定义的界定。我国《著作权法》第十一条针对著作权归属进行了原则设置。第一,自然人为建构作品的作者。第二,法人或其他组织主持,创作体现了法人的意志,同时作品责任的承担主体为法人,那么作品的作者则为法人,这就是法人作者及法人作品产生的根源。自法人作者定义被界定开始,诸多研究者的质疑声此起彼伏,主张其并不具备坚固的法理基础。我国《著作权法》(2001年版)只进行了"非法人单位"向"其他组织"的转变,法人作品的相关规定大多都未做出改变。我国《著作权法》第十六条还针对职务作品进行了明确规定,强调公民作品创作的目的在于单位安排的工作任务能够顺利完成,此处的工作任务是指公民在雇佣关系下于正常工作范畴内及业务范围内的工作职责。依照情形的差异,职务作品又可以细化成普通职务作品及特殊职务作品两种,其中特殊职务作品又包含两种类型。其一,《著作权法》明确规定作品类型同时进行对应要件附加的职务作品:依靠法人为其创造的物质条件环境进行创作,同时作品责任承担主体为法人的以工程设计图为代表的图形作品及计算机程序作品。作者享有特殊职务作品的署名权,除了署名权之外的所有权利归法人所有,法人可针对作者进行经济补偿。其二,由立法基础抑或合同就著作权归法人所有做出对应规定的职务作品,也就是假如相关立法做出了对应规定,抑或作者同法人签订了合同或协议,作品著作权归法人所有,此类作品同样应界定成特殊职务作品,作者仅享有此类作品的署名权,除了署名权之外的所有权利均由法人独享。如果作品不是特殊职务作品,那么其肯定是普通职务作品,此类作品的著作权归法人、自然人、作者所有,法人所有权利共涉及以下几个内容:优先使用权(允许业务范围内进行作品使用的优先考虑)、分享许可他人使用收益权(如果单位允许,作者可允许第三方以同单位作品使用方式相同的使用形式进行作品使用,依照规定比重进行收益的分配)、有限的专有使用权(作品完成后的两年内,如无或许单位的允许,不得允许第三方以同单位作品使用相同的方式进行作品使用)。法人优先使用权的期限为两年,两年期满,作者便可自主决定是否允许第三方以任何方式进行作品使用。出现在职务作品范畴内的矛盾相对较少,其原因包含两个方面。首先,实践生活中其指向性相对较弱;其次,诸多或许可界定成普通职位作品的市场收益性相对较弱,从根本上切断了利益冲突的途径。恰恰像德国著作权法专业研究人员的论点,一般来讲职务作品的文化价值相对较低,审美意义不足,大多都是今天写、明天看、后天就没用了。综上所述,为妥善处理著作权归属矛盾,我国《著作权法》不仅针对委托作品及自然人作品进行了明确的规定,同时还涉及了普通职务作品、法人作品及特殊职务作品。此类规定到底是符合我国基本国情的立法改革,还是受理论研究较少、立法基础薄弱法人影响而产生的冗余问题呢?① 依据相关法律以及参与法律建构的人员介绍,法人作品构成要件包含以下几个方面:创作的主持工作由法人承担;基于法人意志进行作品思想、表达方式的确

---

① Adolf Dietz, International Copyright Law and Practice, Germany: Matthew Bender & Co., Inc, 2006, 4(1).

第三章 我国职务作品著作权归属修正

立；作品责任承担主体为法人。然而此类要件的设立与认定却始终未达成共识。作品创作过程中主持工作的承担主体不是虚拟人物，只能是事实工作者。创作理念及表达方式是怎样进行法人意志的体现或代表的？依据相关解释，一般来讲，法人意志通过以董事会为代表的法人领导机构及以行政领导为首的法定代表人进行体现。不考虑"长官意志"是否体现着"法人意志"，此类组织或个体或许极具复杂性的意志怎样进行识别及确认？他们又是怎样通过创作者的作品及表达来予以呈现的？是否他们也需要先转变成实际创作者或执笔者的理念而后在作品中展现出来？推崇法人意志的学者主张，执笔人在创作法人作品的过程中，只参与了扶持性、技术性及事务性的工作，并不存在智力劳动，相对智力劳动而言，扶持性、技术性及事务性的工作应该界定成体力劳动，并非作品产生的决定性力量；"一般来讲，技术劳动应划归到智力劳动的范畴内，然而作品仅通过智力技术劳动也不会发生。"这一论点前言不搭后语，中心偏颇。同时，作品责任承担主体为法人的构成要件也着实令人琢磨不透（特殊职务作品中也包括这一要件）。作品责任形式并不唯一，或许是作品对其他人以知识产权为代表的自然权利造成侵害而应承担的法律后果，抑或因作品本身的不完善抑或同合同标准不相匹配，而应担负的侵权或违约责任。针对前一种情况，以《著作权法》为代表的相关法律中均做出了对应规定，该法律责任由侵权者承担已成为理所应当，无须进行辅助规定的设置。但从后一种情况出发，比如，由于某一个软件自身设计不完善，导致客户的需求未能得到满足抑或侵害了消费者的经济利益，该责任应由法人承担，其实他是将作为合同主体之一的法人对第三方应承担的合同责任或产品责任作为作品认定的标准。这一作品认定标准极其特殊，进而导致别国著作权立法中很难涉及这一点——其就好似将专利权人的专利产品可能承担的产品责任作为发明能保证可专利性条件满足的认定标准。因此从上述两者责任类型角度来讲，通过其进行法人作品的认定存在一定的不合理性。假如遵循其逻辑，包含个人作品在内的所有作品均适用于这一标准：假如某一文学作品因诽谤其他人或抄袭而导致侵权，那么对应的法律责任主体是否也是自然人作者？合同法及侵权法明确指出违约及侵权责任的主体为法人，著作权的跨界规定又有何意义？

国家版权局就职务作品认定提出两个条件：作者同单位之间存在职务上的隶属关系；作者为保证单位安排的工作能够顺利完成而创作的作品——强调作者是依照单位意识进行正常职能范围及业务范畴内的作品创作。针对职务作品，人们最先关注的肯定是特殊职务作品，也就是依靠法人创造的物质技术环境进行图形作品及计算机程序作品的创作，同时作品责任由法人承担。能够发现，此类作品的认定要件主要包括以下几个方面：创作人（执笔人）同法人存在事实雇佣关系，作者为保证单位安排的工作能够顺利完成而创作的作品；依靠法人创造的物质技术环境进行的作品创作；作品责任由法人予以担负。同上面阐述的法人作品认定要件对比而言，特殊职务作品认定并不包含法人意志，除此之外，其他要件大致统一或完全一致。

但是，不管是图形作品抑或计算机程序的创作，大多都不可能基于雇员的个体意志来完成的，一般是为完成单位安排的工作而创作出的工作成果，但工作任务安排是否是法人意志的间接体现？立法人员在进行法人作品认定要件的研究时，所列举的例证中就包含计算机程序软件，反向推论这便能够体现出法人作品同特殊职务作品中第一类作品之间的交叉重叠。此类作品应界定为法人作品还是特殊职务作品？立法逻辑性混乱必然会导致司法实践过程中的法律适用偏僻及社会生活中的利益争端。在进行法人作品著作权问题的处理过程中，为保证个体利益的最大化，其大多都会主张作品应界定为法人作品，进而对创作者的合法权益造成侵害。并且如果法人做出无形法人意志的主张，创作者就很难找到反驳的突破口。所以，如果作品创作的环境大体一致，基于法院的不同，其关于作品的认定结果是存在差异的。甚至也有法院这边主张诉诸作品属于法人作品，那边又根据职务作品规定进行安检处理的情况。法官的理解都会出现偏差，更何况

第三章 我国职务作品著作权归属修正

社会人民或版权业者,他们更是被其中的复杂搞得头晕目眩。可见立法混乱产生的负面影响是不容小觑的。应予以关注的是,从以图形作品为代表的特殊职务作品角度来讲,立法者费劲千辛,将作品界定成法人作品或特殊职务作品的用意却并不明确,因为两者的本质差异仅体现在署名权及作品奖励上。依照规定,法人享有法人作品的署名权,但特殊职务作品的署名权却归创作者所有——可以解读成,其并非从著作权人的角度来进行作品署名,而是以执笔者身份进行的署名。但从职务作品奖励的角度而言,就算是计算机程序软件也会被界定成法人作品,程序创作者同样也会享受到对应的薪酬及对价——这正是市场经济环境下企业自主经营的根本体现。我国《著作权法》的保障性毫无意义可言。《著作权法》费劲千辛建立起的法人作品同职务作品之间的界限,最后的收效却微乎其微。概括而言,相比其他国家的《版权法》或《著作权法》,我国《著作权法》进行职务作品及法人作品的规定显然是画蛇添足,同时对《著作权法》的落实也产生了消极的影响。对此,诸多研究人员均持质疑的态度。德国著作权法专业研究人员早在20年前就提出主张,我国《著作权法》上的法人作品同职务作品之间存在一定的特殊关联,二者的界限相对模糊。我国也有学者表示:我国将其他国家的规定生硬地融合在一起,最终就会导致这一全球绝无仅有规定的发生:同时出现职务作品及法人作品的规定。不仅理论上自相矛盾,还导致实践应用困难。以制度经济学为切入点,职务作品同法人作品不仅权利归属存在差异,判断标准的不明确以及作品类型的多元化,必然会造成现实应用过程中的判决预期及无所适从的不稳定性,不仅导致交易成本的提高,同时交易也丧失了安全的保障。笔者主张,之所以我国同时进行职务作品及法人作品的规定,是由于立法者将著作权者身份同作者身份过度紧密地联系在一起,主张著作权只能归自然人作者抑或作者法人独立享有,受让人拥有的仅为著作权中的一部分,因此为保证以法人为代表的投资者利益,保证著作权能够归其独立享有,就进行了法人作品政策的制定。国家版权局关于法人作品立法的假释就很好地体现了这一点：尽管从理论角度而言，法人作品制度设置同著作权取得的根本原则相违背，然而现实社会中法人出面同时作品著作权归法人独立享有的情况确实存在。

虽然相对个人作品而言，此类作品的数量更少，然而依然有着规范性的需求。立法者实用性的考虑或许还能够解释得通，其采取方式的合理性及合法性却有待商榷。

二、合并法人作品和职务作品

在计划经济主导的背景下，受多种原因的影响，集体作品的数量飞快增加，集体作品著作权归属及定性要求必须进行法人作品制度的建设。但是，当前我国的经济体制已实现了由计划经济向市场经济的转变，法人作品制度明显同我国的国情不相适从，其存在价值也微乎其微。① 德国迪兹教授在个人著作中就个人观点进行陈述："对于普通职务作品同法人作品之间的差异始终难以捉摸，因为就算基于法人意志进行作品创作的同时责任由其承担，然而事实上作品的创作及完成是自然人努力及智力的结晶。"② 郑成思也主张："将集体创作现象的客观存在视为法人作品的主要利益，不仅同国外法人作品的立法解释不相统一，同时也违背了版权制度激励作者的原则。"③ 并且从适用性角度而言，职务作品制度同法人作品制度之间依然存在着诸多共性，这就导致制度差异的环境下，事实相似然而当事人所拥有的权益却没有可比性。笔者认为，当前最重要的任务就是废止法人作品制度，通过一些特殊规定能够保证遗留问题的妥善处理。也可借鉴费安玲教授的主张，将法人作品更名为"法人职务作品"，享受职务著作

---

① 江平、沈仁干，等：《中华人民共和国著作权法讲析》，中国国际广播出版社1991年版，第165页。

② Adolf Dietz, International Copyright Law and Practice, Germany: Matthew Bender & Co., Inc, 2006, 4（1）.

③ 郑成思：《知识产权论》，法律出版社1998年版，第5页。

第三章 我国职务作品著作权归属修正

权制度的管辖范围。如果不愿废除法人制度,那么就应该努力促进其明朗化发展,主要包括通过立法形式进行制度适用性的明确规定,从根本上切断法人作品向外扩张的路径。此举能够保证"因法人作品同职务作品界限不明确而导致著作权归属难以确定的问题"得到妥善处理。

三、统一将著作权归属于法人

目前我国《著作权法》第十一条针对法人作品著作权归属做出了相应规定,该条先是肯定了创作作品的公民为作者的一般性规则,然后又针对特殊作品形式进行了规定,在法人等相关组织的引导下,基于法人等组织的意志进行作品创作,同时作品责任由法人等组织负担的作品,作品作者为法人等组织。第十六条针对职务作品著作权归属做出了相应规定,其包含两种类型,一种为职务作品,另一种是特殊职务作品。普遍而言,作品著作权应归作者所有,但是单位在两年之内享有优先使用权。特殊职务作品的署名权归作者所有,不包括署名权在内的其他权利均归单位所有。①

目前我国《著作权法》有关法人作品和职务作品的规定纷繁杂乱,不利于实际处理问题。应将所有的规定化繁为简,统一著作权归属。可以参照美国《版权法》的相关规定,本着提高效率、利益最大化的原则,将著作权统一归属于法人。

第三节 签订合同保护员工利益

一、我国目前职务作品合同类型

将著作权归属于法人以后,如何保护创作作品员工的合法权益将成为一个重要的问题,这就要靠员工与单位之间签订保护员工利益的合同来约

---

① 王迁:《论"法人作品"规定的重构》,《法学论坛》2007年第6期。

束双方的行为了。当前国内针对职务作品著作权归属合同的类型及效力进行了以下规定的设置：

（一）约定单位为非职务作品著作权所有者的合同无效

社会生活中，作者同单位之间并未建立起事实的雇佣关系或劳动关系，然而依然同作者进行合同签订，就作品的职务作品性质进行约定，一并确立的还有不包括署名权在内的其他权利均归单位所有。例如，部分高等学府依靠内部管理规定明确指出，在校学生自己创作的毕业论文为职务智力成果。应通过合同内容同国家强制立法之间的统一性进行此类合同效力的确定。我国《著作权法》的相关规定指出，通过合同就职务作品著作权归法人或相关组织所有问题做出约定的，其权利享有不包括署名权。这一政策并非效力规范，而属于授权性规定。然而这一授权的发生是有条件限制的，必须满足作品为职务作品，这是其中的一个条件。假如支持单位以合约形式获得非职务作品的精神权利，就背离了《著作权法》中精神权利不得转让的政策。《著作权法》之所以做出精神权利不可转让的规定，是由于作品精神权利是作者人格的体现，同时人格权利具备不可让渡的属性。我国《著作权法》明确规定了作品著作权中的精神权利不得转让，其是强制性的政策，假如合同规定同这一政策相违背则被认定为没有法律效力。作者同单位针对非职务作品建立起著作权归属合同，因同作品精神权利不得转让的硬性规定相违背，因此合同无效。所以，在审查职务作品著作权归属合同的过程中，首先应明确进行作品属性的认定，是否确定为职务作品。依照相关法律政策，职务作品的构成要件应包含两个：第一，作品的创作者应是于法人或其他机构就职的工作者，同单位存在实质上的雇佣或劳务关系。第二，创作者为保证单位安排的任务能够有效完成才进行的作品创作，也就是发生在正常职能范围内的工作。在职务作品认定方面，最先明确的就是作者同法人或其他机构之间的实质性关系。这里还有一个问题值得商榷：假如作者同法人或其他组织之间并未建立起雇佣合作关系，是否借助合同进行作品职务属性的约定?学校同学生之间的劳动雇佣关系及教育管理关系存在着根本性的差异,高校日常管理规范同国家法律法规还有本质性的区别,只具备合同效力。这就牵涉是否可以通过约定来确定作品为职务作品的问题。著作权归属认定的根本方式就是作者为著作权拥有主体,文学、科学及艺术作品的产生是有赖于作者为作品创作所投入的智慧及辛勤,同样离开了作者的努力及智慧,作品上的所有权利也不可能发生。因此,以我国《著作权法》为代表的全球领域内诸多国家的著作权法应遵循作者权益优先的原则,继而激发他们的作品创作积极性,为社会及人们创作出更多、更好的作品。所以创设职务作品制度对作者的著作权予以限制,是希望实现法人工作开展需要同作者著作权保护两者之间争端的妥善处理。法人应该是基于下属职员的工作成果而为其进行薪资的发放。假如法人的作品使用自由得不到很好的保障,这不仅会阻碍工作的正常推进,同时与雇佣及劳动关系的本质也是相冲突的。但假如一味追求法人工作开展的自主性,必然又会对作者的创作激情造成冲击。所以,法律采取了更为严慎的态度进行职务作品著作权归属制度的建设,职务作品概念界定的严格性足以体现出法律的严慎性态度。假如作者同法人或其他组织之间并不存在实质性的雇佣或劳务关系,那么职务作品制度也就丧失了保护法人或其他组织利益的前提。假如只以高校的管理规范为依据,将学术论文界定成职务作品,这必然同职务作品立法的根本目标不相匹配,同时也违背了"学生独立完成学业"的理念。所以,假如法人或其他组织同作品创作人之间并未建立起雇佣关系或劳务关系,就算双方就作品性质做出了约定,法院也不会对"作品是职务作品"的主张予以支持。因为作品并非职务作品,所以作者同单位之间就"除署名权以外的其他所有权利均归单位所有"的约定也是没有意义的。

(二) 约定单位为额外作品著作权所有者的合同无效

还有另一种特殊情况,即作者同单位建立起了雇佣或劳动关系,作者在工作任务执行过程中不仅创作了职务作品,还有其他作品的产生,针对其他作品的著作权归属问题,单位同作者之间是否也能以合同的形式约定单位为此类额外作品的著作权所有者?有观点指出,依赖单位创造的物质技术环境进行以工程设计图为代表的特殊作品形式的创作过程中,因单位所提供的资源大多是针对特定的工作任务的,因此,依靠单位为指定项目提供的资源而实现的作品,同样著作权享有主体应为单位。假如依靠单位划拨的专项资金进行职务作品创作的过程中,随之创作出额外作品,但额外作品著作权归属不是单位的情形,应由两者以合同的形式进行约定。① 约定模糊抑或不存在的,其著作权所有者应视为作者。这一主张体现出两方面的含义,首先,依靠单位划拨的专项资金创作的除职务作品以外的额外作品不应认定为特殊职务作品;其次,可通过合同的形式约定额外作品不包括署名权在内的其他权利归单位所有。关于额外作品属性的认定有着十分重要的影响,假如将额外作品界定成职务作品,那么双方应就额外作品的著作权归属问题做出约定是具备法律效益的;如果认定其为非职务作品,那么约定就丧失了法律基础。我国《著作权法》明确指出,所谓职务作品是指员工为保证单位安排的工作能够顺利完成而进行的作品创作。参照《中华人民共和国著作权法实施条例》,作者在法人或其他组织中应承担的正常工作责任就是工作任务。所以,有主张表明,单位临时部署的超出正常工作范畴的创作,不应视为职务作品。在某个著作权案例中也体现出:医生在工作医院的安排下开展临床试验报告总结行为为职务行为,在这一前提下以个人临床经验而创作的论文作品应界定成个人作品,认定同正常工作范畴存在直接关联的为工作任务是正当的,然而在对同正常工作范畴之间的关系进行判定时却难逃主观因素的影响,基于法官个体的差异,分析的角度也会存在差异,那么必然结果也不尽相同。跳回前面论述的情况,针对额外作品同单位业务之间的关联有着统一的认知结果。不考虑

---

① 王瑞龙:《单位对职务作品的优先使用权刍议》,《中国版权》2007年第5期。

关系的认定,当前所存在的问题在于:假如两者针对额外作品进行了著作权归属的约定,法院是否会以额外创作超出正常工作范畴为由而否定约定的有效性?如果额外作品为以计算机程序软件为代表的特殊职务作品时,假如法院认定约定无效,主张额外作品的著作权不应归单位所有,必然会导致法院裁定同社会观念间产生十分显著的冲突。法律规定以计算机软件为代表的特殊职务作品的著作权应归范围所有,其原因在于仅依靠自然人作者一己之力,该职务作品的完成相当困难,必须依赖单位为其打造的物质技术条件。① 为更好地激发法人或其他组织的创作作品投资热情,理应为单位的合理投资收益提供保障;如果此类作品出现问题,那么所产生的责任必将是个人无法承担的,只有单位予以担保,承担风险,才能赢得别人的认可。特殊职务作品对于投资方的利益及使用者权益给予了更好的保障②。按照两者之间的合约,认定以计算机软件为代表的特殊职务作品,由单位享有其著作权,不仅使得投资者的合理利益得到了保障,同时人民大众的权益也得到了很好的维护,同双方当事人的意愿相统一,法院好像找不到否定的理由。但主张约定效力违背了法律规定,因法律只肯定了作者同单位之间进行职务作品归属的合同约定,约定的效力是建立在作品为职务作品的基础上的。然而此处进行了一个假设条件的设置,就是额外作品同作者正常工作范畴以及工作任务完成之间不存在直接性关联。工作任务是一个主观概念,管理人员基于单位的发展规划做出的部署及分工是其发生的本源。假如单位以及作者就任务的工作属性没有任何异议,同时该任务是合法的,那么法院对于工作任务的界定应该没有异议。在单位同作者之间就额外作品著作权由单位享有进行约定时,从本质上来讲,双方都肯定了额外作品同作者正常工作任务存在直接性的关联,肯定了额外作品也是工作任务。在这一环境下的额外作品应界定为职务作品。此处的逻辑

---

① 曲三强:《知识产权法原理》,中国检察出版社2004年版,第78页。
② 刘春田、刘波林:《论职务作品的界定及其权利归属》,《中国人民大学学报》1990年第6期,第62页。

思维应该是法院首先支持两者就工作任务的共识，其次对作品的职务属性予以认定，并在此基础上支持单位为额外作品著作权所有者的约定。如果额外作品并不是以计算机软件为代表的特殊作品形式时，可能优先保护的应是作者新品创作的激情，因为普通职务作品的保护重点就集中在作者权利方面，但是如果双方就"额外作品是产生于正常工作范围中"这一主张没有任何异议的话，作品为职务作品的主张是合理的。

（三）著作权归属合同签订于作品完成后则无效

《日本著作权法》第十五条明确指出，执行法人或其他组织安排工作的人在正常工作范畴内创作的作品，假如以法人或其他组织的名义予以发表，如果作品创作完成时并未建立任何合同或勤务规则未进行特别说明，那么法人或其他组织等其著作权所有者。①我国《著作权法》第十六条第二款规定针对合同签订时间并未做出限制，然而依据著作权归属制度获得的根本原则，针对这一规定应进行缩限解释。著作权是自然取得权利，一旦作品完成，著作权也就随之产生了，不需要进行要件的公示。《中华人民共和国著作权法实施条例》也有规定指出，著作权随作品完成一同形成。以合同形式进行职务作品著作权归属约定是初始著作权取得的重要方式。假如普通职务作品顺利完成时，并不存在任何有效的权属约定，参照我国《著作权法》中关于权属的相关规定，作者应为著作权的所有者。如果单位希望独立享有著作权，只能以继受方式予以取得，因为如果作品的著作权主体已经明确，原始权利取得的途径也就切断了。在实践过程中，有组织的著作权归属合同时缔结于作品完成后，其通过该合同抑或作者声明主张作品的精神权利应归其所有，同时以著作权及人身权遭受侵犯为由向法院提起公诉。前面已介绍过，如果合同签订于作品完成后，因原始著作权主体已经存在，所以合同自然无法履行，合同应认定无效。假如合同

---

① 《日本著作权法》第十五条：《十二国著作权法》，《十二国著作权法》翻译组译，清华大学出版社 2011 年版，第 370 页。

第三章 我国职务作品著作权归属修正

约定自合同生效开始抑或生效后的某一阶段内,作品不包括署名权在内的其他权利由单位独立享有,只要合同于作品完成之前生效,那么这一约定并不能实现普通职务作品向特殊职务作品的转变,为未生效合同。就算已缔结合同,从程序角度而言,单位也没有以个人名义进行著作权人格权被侵的诉讼权利,从实体上来讲,单位同样不能以特殊职务作品的规定为依据享有著作权。或许更多的情形为,单位通过作品建成后单位同作者的共同声明抑或作者单方面的声明进行著作权及人身权的维权,声明主要是强调单位为职务作品著作权所有者。声明的法律地位决定着声明能够产生怎样的法律效力,至于声明法律地位的明确需对其表述内容进行系统的研究。声明内容是佐证于"双方早于作品完成前或当时就著作权归属问题达成口头约定",基于证据形式而言,假如能够确定以声明为代表的各种证据的证明性,作者同单位关注著作权归属约定的缔结时间就可以确定为作品完成之前,便可确定作品属于特殊职务作品。声明内容是进行职务作品的直接肯定,就证据形式来讲,声明为书面证明,是以行为为依托对两方声明或其中一方声明内容给予了肯定,而就法律效力而言,应是两者推动了合同的形成。合同签订时间应发生于共同声明的时间点抑或声明认可的时间点。上面已探讨过,合同不具备溯及力,即不存在由普通职务作品向特殊职务作品的转变的法律效力。①

作品创作完成后,作者同单位之间就著作权归属问题达成约定,假如其并不存在普通职务作品转变为特殊职务作品的效力,那么其是否存在著作权流转的法律效力呢?假如认定具备流转的法律效果,那么起码著作权中的财产权依然归单位所有。以《中华人民共和国合同法》的相关规定为依据,如果合同出现无效部分,其有效部分的效力是不受影响的,然而在进行单位同作者之间约定的法律效力确认时,还应针对合同属性进行全面考量。以法律行为的根本特征为切入点,当事人想要达成的目标应该是合

---

① 罗伯特·P. 墨杰斯,等:《新技术时代的知识产权法》,齐筠等译,中国政法大学出版社 2003 年版,第 315 页。

同属性判定的最关键因素。作者同单位之间建立起约定,尽管内容存在不足,然而约定的目的十分明显,即以合同为载体实现普通职务作品向特殊职务作品的转变,职权作品原始权利归属问题的确认就是合同的属性。① 然而,由于作品建成后合同才成功缔结,作品著作权归属约定同《著作权法》中初始权利取得政策不统一,没有法律效力。因合同目的并不包括著作权财产权流转,因此并不能推断双方就权利流转达成共识。并且,假如两者均存在著作权财产权流转的想法,只需进行流转合同缔结即可。所以,如果单位同作者就著作权归属问题达成的约定无效时,不能认定推断两者就著作权财产权流转达成共识,进而确定单位拥有以财产权为由提起诉讼的权利。

二、引入合同约定的可行性

在《与贸易相关的知识产权协定》中,前言部分就提到了"知识产权属私权"。尽管相对普通民事权利而言,知识产权无法实现完全的私人处理,无须国家的参与,然而既然这一理论产生,全球多个国家均新增了《与贸易相关的知识产权协定》,这就体现出在保证国家利益的前提下,知识产权的处理主体可以是私人。作品归属应该是允许私人处理的领域之一,作品归谁所有,就算是作品创作的主体也可自主进行初始著作权的转移,然而却有国家干预的必要,国家也可在执行环境下,引导私人做好知识产权的处理工作。

关于知识产权,《中华人民共和国民法通则》中做出了针对性的规定,那么作为民事权利的一种,知识产权权利归属应该遵循民法基本原则。这就决定着职务作品著作权所有者确定时,适用"最高原则""私法根本价值之所在"及"民法之基础"的意思自治原则是正当性的,意思自治原则集中体现在以下两个方面:首先,民事主体拥有绝对自主的意思;其次,

---

① 罗伯特·P.墨杰斯,等:《新技术时代的知识产权法》,齐筠等译,中国政法大学出版社2003年版,第328页。

民事主体自由决定个体意思，不受其他法律的影响。"①

计划经济市场环境下，我国出现了最早的职务作品著作权归属制度，然而现在的中国正处于市场化经济时代，著作权归属制度必然随着市场体制的转变而进行调整，理应为当事者提供更多样的选择，意思自治原则适用的规定能够帮助当事人更好地通过合同进行两者权利义务的规制，明确职务作品著作权归属。② 尽管当前我国正出于经济腾飞阶段，但依然摆脱不了发展中国家的身份，纵览国内知识产权的发展史，高速发展，起步晚是客观事实，然而也不得否认处于幼稚阶段的事实。所以，在兼顾作者同单位权益的基础上，理应给予自然人作者这一弱势群体更好的保障，这能够激励他们的创作积极性，进而创作出更多、更好的作品，最终推动国内知识产权市场的不断发展。③

三、引入合同的方式

首先，是承认法人作者的身份，即职务作品由法人享有著作权。前面已经介绍了大多数国家以国际条约为代表的立法中均明确了某种环境下法人或其他组织为作品作者，作品原始著作权归法人或其他组织所有。从事实来看，我国当前在行的《著作权法》同样存在这一规定，自然人及法人或其他组织均可以成为作者，区别仅体现在两者的作者身份上，自然人是在创作的基础上享有作者身份，法人则是建立在其他基础上的作者。就算有以合作作品为代表的多种作品类型存在，此类作品的归属无外乎两个，其一归自然人所有，其二归法人或其他组织所有。其同著作权主体是统一的。其次，法律需强制法人与员工订立相关的利益分配合同，以保护员工的利益。在该合同中需明确双方的权利和义务，以及对作品收益的分配，

---

① 杨巧：《论知识产权对民法理论的发展与突破》，《知识产权》2004年增刊。
② 胡康生主编：《著作权法释义》，北京师范学院出版社1990年版，第43页。
③ 来小鹏：《限制著作权转让的法律思考》，《中国版权》2004年第6期。

根据行业特点,应明确员工的收益不得低于相应的百分比。对于影视剧编剧行业和图书编辑行业这些员工利益容易被剥削的行业,可尝试推行相应的行业格式化合同。由行业协会牵头商议订立本行业的格式化合同,强制企业与员工签订,以保护员工的合法权益。

第四节　多种方法并存保护雇佣双方权益

现阶段,著作权特殊情形的探讨过程中经常出现这一词汇: 3-Step-Test。其是指以教育目的、保护弱者及公共目的为代表的特别情形(certain special cases);作品正常使用不受干扰(normal exploitation);作者合法权益得到很好的保护时,可对著作权进行规制抑或将著作权保护排除在外(例外)。《伯尔尼公约》第九条第二款针对复制权的规定中就进行了类似条例的设置。其后,1994年出台的《与贸易有关的知识产权协定》,规制及例外并不仅仅体现在复制权上,所有排他性权利都做出了对应规定,1996年颁布的《WIPO版权条约》针对作者权利以及《伯尔尼公约》规定的所有权利均做出了例外及限制规定。然而,权利限制及例外两个规定也存在这某些细微差异。不管是《与贸易有关的知识产权协定》抑或《WIPO版权条约》,两者在保护著作权以及作品使用调整两方面的规定是统一的,然而《与贸易有关的知识产权协定》在著作权的限制及例外过程中进行了"不侵害权利者(the right holder)的正当利益"条件的设置,但《WIPO版权条约》则明确指出"不侵害作者(the author)的正当利益"。此处明显地体现出著作权制度法治理念的差异。当前,一种主张表示对于著作权的保护力度应不断强化,也有主张称应推动著作权限制规模的不断扩大。能够这样讲,假如作品使用技术能够持续研发,那么相关利益主体间的利益调整就始终延续。[①]一般来讲,利益调整主要针对的是著作权主体同使

---

　① 《美国版权法》第二百零一条(b):《十二国著作权法》,《十二国著作权法》翻译组译,北京:清华大学出版社2011年版,第785页。

第三章 我国职务作品著作权归属修正

用者两者的利益关系，表面上来看这是合理的。假如不断深化研究，会发现作者同著作权所有者之间的关系确定应完成于著作权主体同使用者之间利益调整之前。当然，作者同著作权所有者在某些特定的环境下是统一的，然而基于以电影作品为代表的作品形式来讲，在合同的作用下，作者同著作权所有者成为两个独立的个体，著作权所有者同作品使用者相统一。假如从著作权保护力度的强化方面来讲，即使作品使用单位得以增加，但是从创作者的角度而言，其收益并未出现显著的变化，同作者著作权非分离是一样的。就是在此种社会环境下，我们进行著作权人界定时，仍然应以《著作权法》为出发点，再次审视作者同著作权所有者之间的关系，当前的我们正处于一个利益调整的环境下。

一、加大行政保护力度

第一，国家应将版权局纳入国家财政体系，享受财政扶持；同时进行专门管理机构的设置；并在部门下进行更多著作权专项处理科室的设置。不仅如此，如果职务作品需要满足更高的专业标准，可将人员聘任权利赋予著作权管理机构。如此，著作权管理机构就能于社会领域内自主进行业务素质过硬的人才选拔，当然并非所有人员都要享受正式编制，可以学习人事代管管理方式。第二，当前县、乡等地区的著作权管理机构的规定相对缺乏，亟待完善。针对不同级别的著作权管理机构进行职能细化，推动本地职务作品管理的效率及针对性不断提高。职务作品著作权者也就能够享受到更为优质的权利保护。第三，行政管理部门在职务作品整个创作过程中可执行行政管理，包括事前、事中及事后三个过程。管理部门在职务作品着手创作前可将创作人的合法权益同创作人进行介绍，辅助创作人同单位者就职务作品著作权归属及利益权重进行约定。行政管理部门在作品创作之时，应全面掌控创作过程的动态发展，包括单位各方面资源投入及投资方式，创作者增减及变更等。当然不可否认，作者同单位在规定时间内将相关资料提高到行政管理部门进行备案也是一个很好的方式。当职务作品顺利完成，行政管理部门应针对职务作品进行备案，如果有纠纷产生，就能以其为原始档案。因此，通过行政部门在整个作品创作过程中的有效干预能够实现国内职务作品行政管理由被动向自主的转变。并且，建议组织职务作品著作权保护协会的设立，使协会的高效性及灵敏性能够得到全面施展，使著作权能够享受到更为全面的保护。第四，相关行政管理组织应不断强化职务作品的法治宣传活动，帮助作品创作者建立起"个人权利神圣不可侵犯"的意识。假如遭到侵害，应立即采取合理的方式维权，而绝非隐忍。

二、加大司法保护力度

第一，勒令中、高级人民法院进行知识产权专门审判机构的部署，针对法官不包括法律专业素养在内的其他专业能力进行强化，尽快实现作品评估鉴定机构的建设。第二，在针对前面介绍到的我国《著作权法》中关于职务作品著作权归属的政策进行优化时，可合理的发布部分同职务作品相关的司法解释，如此能够保障实践过程中的问题得到妥善的处理，立法缺失也能得以弥补。第三，不管是著作权的潜在损害，还是客观损害，必须始终坚持全面赔偿著作权损害的理念，推动著作权所有人的保护力度的不断深化。并且在进行侵权方责任承担的判定时，应尽量避免形式的片面性，保证《中华人民共和国民法通则》上所有的训诫、没收非法所得等制裁方式应有的作用能够得到有效施展。

参考文献

一、中文类

（一）著作类

［1］吴汉东．知识产权法学（第五版）［M］．北京：中国法律出版社，2015．

［2］吴汉东．知识产权多维度解读［M］．北京：中国人民大学出版社，2015．

［3］吴汉东．无形财产权基本问题研究（第3版）［M］．北京：中国人民大学出版社，2013．

［4］李明德．美国知识产权法（第2版）［M］．北京：法律出版社，2014．

［5］李明德．欧盟知识产权法［M］．北京：法律出版社，2010．

［6］李雨峰．中国著作权法：原理与材料［M］．武汉：华中科技大学出版社，2014．

［7］杜颖，张启晨．美国著作权法［M］．北京：知识产权出版社，

2013.

[8] 范长军. 德国著作权法 [M]. 北京：知识产权出版社，2013.

[9] 李扬译. 日本著作权法 [M]. 北京：知识产权出版社，2013.

[10] 崔国斌. 著作权法原理与案例 [M]. 北京：北京大学出版社，2014.

[11] 王泽鉴. 民法总则 [M]. 北京：北京大学出版社，2009.

[12] 马俊驹，余延满. 民法原论（第四版）[M]. 北京：法律出版社，2010.

[13] 刘俊海. 现代公司法（第三版）[M]. 北京：法律出版社，2015.

[14] 崔建远. 合同法（第六版）[M]. 北京：法律出版社，2016.

[15] 卢现祥，朱巧玲. 新制度经济学（第2版）[M]. 北京：北京大学出版社，2012.

[16] 罗纳德·H. 科斯. 企业、市场与法律 [M]. 盛洪，陈郁，译. 上海：格致出版社，2014.

[17] 雷炳德. 著作权法 [M]. 张恩民，译. 北京：法律出版社，2005.

（二）论文类

[18] 杨述兴. 职务作品和法人作品 [J]. 电子知识产权，2005（5）：20-24.

[19] 王迁. 论"法人作品"规定的重构 [J]. 法学论坛，2007，22（6）：30-37.

[20] 李承武. 浅析法人作品与职务作品的关系及其在法律适用上的意义 [J]. 知识产权，1997（3）：15-16+22.

[21] 邱国侠，张红生. 试析法人作品与职务作品的区分标准 [J]. 河北法学，2004，22（2）：100-103.

[22] 郑小川. 也论法人作品与职务作品——兼与李承武先生商榷[J]. 知识产权, 1998（3）: 5.

[23] 邹晓红, 许辉猛. 智力投入者和财力投入者分离下的著作权归属研究——职务作品和法人作品制度[J]. 湖南大学学报（社会科学版）, 2010, 24（2）: 126-130.

[24] 王汀滢. 职务作品与法人作品相关问题研究[J]. 福建警察学院学报, 2009, 23（6）: 88-90.

[25] 沈文忠. 论个人作品, 职务作品, 法人作品及委托作品之间的著作权关系[J]. 电子知识产权, 2005（5）: 58-61.

[26] 李静传. 论我国著作权法对法人作品的保护——评王和平诉北京档案史料编辑部, 北京市海淀区档案馆著作权纠纷案[J]. 电子知识产权, 2001（4）: 41-43.

[27] 王迁. 论"法人作品"的重构[J]. 法学论坛, 2007（6）.

[28] 李承武. 浅析法人作品与职务作品的关系及其在法律适用上的意义[J]. 知识产权, 1997（3）: 15-16+22.

[29] 张今. 单位作品和职务作品的联系与区别[J]. 知识产权, 1993（6）: 22-23.

[30] 张昱. 著作权权利归属问题研究[J]. 内蒙古大学学报（哲学社会科学版）, 2006, 38（1）: 69-74.

[31] 赵红仕, 胡海涛. 单位不与个人争"名"——李德余诉C区政府侵犯署名权案[J]. 中国版权, 2006（4）: 9.

[32] 曹新明. 我国著作权归属模式的立法完善[J]. 法学, 2011（6）: 81-89.

[33] 杨延超, 曹满贵. 我国职务作品制度的不足与完善[J]. 昆明理工大学学报（社会科学版）, 2007.

[34] 丛立先. 职务作品与法人作品辨析——以蒋少武诉沈阳机电装备集团公司案为切入点[J]. 中国版权, 2009（1）: 23.

[35] 孙新强. 委托作品著作权原始归属之辨析[J]. 法学, 2009（3）: 84-93.

[36] 陈锦川. 2009年北京市高级人民法院著作权案例要点及评析[J]. 中国版权, 2010（2）: 3.

[37] 饶文平. 论在著作权原始归属中引入契约制度[J]. 湖北师范学院学报（哲学社会科学版）, 2010（3）: 79-81.

[38] 蒋舸. 雇佣关系与法人作品构成要件[J]. 法律科学: 西北政法学院学报, 2014（5）: 102-109.

[39] 熊琦. 著作权法中投资者视为作者的制度安排[J]. 法学, 2010（9）: 79-89.

[40] 周详, 郑成思. 论委托作品合同[J]. 知识产权文丛, 2003（9）: 206-232.

[41] 梁作民, 曹波. 对委托作品著作权的分析——评一起广告宣传品的著作权侵权纠纷案[J]. 知识产权, 2002, 12（2）: 38-41.

[42] 张五常. 关于新制度经济学[M]// 科斯. 契约经济学. 北京: 经济科学出版社, 1999.

[43] 曹新明, 夏传胜. 抽象人格论与我国民事主体制度[J]. 法商研究: 中南财经政法大学学报, 2000, 17（4）: 59-66.

[44] 胡光志. 论我国民事主体结构的重建[J]. 现代法学, 1996（2）: 99-103.

二、外文类

（一）著作类

[45] Strong W S. The copyright book: A practical guide[M]. Cambridge: MIT Press, 2014.

[46] Noon M, Blyton P, Morrell K. The realities of work: Experiencing work and employment in contemporary society [M]. Basingstoke: Palgrave Macmillan, 2013.

[47] Rossi P H, Berk R A, Lenihan K J. Money, work, and crime: Experimental evidence [M]. Holland: Elsevier, 2013.

[48] Rodgers D T. The work ethic in industrial America 1850-1920 [M]. Chicago: University of Chicago Press, 2014.

[49] Fishman S. The Copyright Handbook: What Every Writer Needs to Know [M]. BeiJing: Nolo, 2014.

[50] Kadushin A, Harkness D. Supervision in social work [M]. Columbia: Columbia University Press, 2014.

(二) 论文类

[51] Spelman K C. Work Made for Hire [J]. IPL Newsl, 1996, 15: 10.

[52] Hardy I T. An Economic Understanding of Copyright Law's Work-Made-for-Hire Doctrine [J]. Colum. -VLA JL & Arts, 1987, 12: 181.

[53] Harris M R. Copyright, Computer Software, and Work Made for Hire [J]. Michigan Law Review, 1990, 89 (3): 661-701.

[54] Kreiss R A. Scope of Employment and Being an Employee Under the Work-Made-For-Hire Provision of the Copyright Law: Applying the Common-Law Agency Tests [J]. U. Kan. l. review, 1991, 40: 119.

[55] Hamilton M A. Commissioned works as works made for hire under the 1976 Copyright Act: Misinterpretation and injustice [J]. University of Pennsylvania Law Review, 1987, 135 (5): 1281-1320.

[56] Wishner C L. Whose work is it anyway: Revisiting Community for

Creative Non-Violence v. Reid in defining the employer-employee relationship under the work made for hire doctrine [J]. Hofstra Lab. LJ, 1994, 12: 393.

[57] Strand P J. What a Short Strange Trip It's Been: Sound Recordings and the Work Made for Hire Doctrine [J]. Ent. & Sports Law, 2000, (18): 12.

[58] Anderson J B. The Work Made for Hire Doctrine and California Recording Contracts: A Recipe for Disaster [J]. Hastings Comm& Ent. LJ, 1994, 17: 587.

[59] Field C. Their Master's Voice? Recording Artists, Bright Lines, and Bowie Bonds: The Debate Over Sound Recordings as Works Made for Hire [J]. Journal of the Copyright Society of the USA, 2006, 48 (1-2): 145-189.

[60] Slaughter S, Ang S. Employment outsourcing in information systems [J]. Communications of the ACM, 1996, 39 (7): 47-54.

[61] Costello J P. Copyright and work made for hire [J]. Software, IEEE, 1994, 11 (3): 93-94.

[62] Fidlow B J. The Works Made for Hire Doctrine and the Employee/Independent Contractor Dichotomy: The Need for Congressional Clarification [J]. The Comm/Ent LJ, 1987 (10): 591.

[63] Roberts J L. Work Made for Hire: the Fiction, the Reality and the Impact upon Software Development [J]. Harv. JL & Tech, 1988, 1: 97.

[64] Sadler W R. Free Lance Artists, Work for Hire, and the Copyright Act of 1976 [J]. UC Davis L. Rev, 1981, 15: 703.

[65] Laughlin G K. Who Owns the Copyright to Facuty-Created Web Sites: The Work-for-Hire Doctrine's Applicability to Internet Resources Created

for Distance Learning and Traditional Classroom Courses [J]. BCL review, 1999, 41: 549.

[66] Vo C. Finding a workable exception to the work made for hire presumption of ownership [J]. Loy. LAL Rev., 1998, 32: 611.

[67] Burk D L. Intellectual property and the firm [J]. The university of chicago law Review, 2004: 3-20.

[68] Rousseau D M. New hire perceptions of their own and their employer's obligations: A study of psychological contracts [J]. Journal of organizational behavior, 1990, 11 (5): 389-400.

[69] O'Connor S M. Hired to Invent vs. Work Made For Hire: Resolving the Inconsistency Among Rights of Corporate Personhood, Authorship, and Inventorship [J]. Seattle University Law Review, 2012, 35.

[70] Landau M B. Works Made for Hire after Community for Creative Non-Violence v. Reid: The Need for Statutory Reform and the Importance of Contract [J]. Cardozo Arts & Ent. LJ, 1990, 9: 107.

[71] Besen S M, Raskind L J. An introduction to the law and economics of intellectual property [J]. The Journal of Economic Perspectives, 1991, 5 (1): 3-27.

[72] Rafoth R A. Limitations of the 1999 work-for-hire amendment: Courts should not consider sound recordings to be works-for-hire when artists' termination rights begin vesting in year 2013 [J]. Vanderbilt Law Review, 2000, 53: 1021.

[73] Burr S L. A Critical Assessment of Reid's Work for Hire Framework and Its Potential Impact on the Marketplace for Scholarly Works [J]. J. Marshall L. Rev., 1990, 24: 119.

[74] Gersick C J G. Time and transition in work teams: Toward a new model of group development [J]. Academy of Management Journal, 1988,

31(1): 9-41.

[75] Duboff L D. An Academic's Copyright: Publish and Perish [J]. J Journal of the Copyright Society of the USA, 1984, 32(1): 17-37.

[76] Kilby P A. The Discouragement of Learning: Scholarship Made for Hire [J]. JC & UL, 1994, 21: 455.

[77] Hammond D W. Complicating the Copyright Law's" Work Made for Hire Provisions": Community for Creative Non-violence v. Reid [J]. Journal of Civil Rights and Economic Development, 2012, 5(1): 3.

[78] O'Connor K. Going Solo: Harmonizing Judicial Treatment of the Work-for-Hire Preclusion to Music Copyright Termination [J]. T. Jefferson L. Rev, 2013, 36: 373.